ドジャース大谷翔平を徹底解剖！

MLBを100倍楽しむ本 2024年版

福島良一　村田洋輔　DJケチャップ

宝島社

ドジャース大谷翔平を徹底解剖！

MLBを100倍楽しむ本 2024年版

福島良一　村田洋輔　DJケチャップ

宝島社

夢の世界一へ
SHO-TIME
第二章が始まる
Dodgers

特別寄稿――番記者が見た入団会見

常勝軍団の新時代が訪れる

斎藤庸裕（スポーツライター／日刊スポーツ記者）

大谷翔平のロサンゼルス・ドジャース入団会見は、緊張感もありながら心地よい雰囲気に包まれていた。ブルーのネクタイを締めた大谷は、さわやかな笑顔が多かった。ロサンゼルスに広がる青空のように、晴れて常勝軍団の一員になれる喜びが不安よりも勝る――。心はすっきり、爽快な表情。約30分間、終始そんなふうに見えた。

12月14日（日本時間15日）、開始時刻は午後3時（同午前8時）。球団と大谷サイドの意見が一致し、日本のファンにも肉声を届けられる時間に設定された。司会者とアンドリュー・フリードマン編成本部長のスピーチに続いて、大谷にバトンが渡った。冒頭、会見場の一番前に列席していたド軍オーナー、球団幹部、監督らの名を挙げ、目をしっかり合わせながら謝意を伝えた。そして、6年間プレーしたロサンゼルス・エンゼルスへの恩義を示したうえで、決意を表明した。

「明確な勝利を目指すビジョンと、豊富な球団の歴史を持つ、このドジャースの一員になれることを今、心よりうれしく思うと同時にすごく興奮しています」

トロント・ブルージェイズやサンフランシスコ・ジャイアンツ、古巣のエンゼルスなどが最終候補の球団に挙がっていた。そのなかで、ド軍の組織の一体感と勝つことへの共通意識を感じた。

「オーナーのマーク・ウォルターさんも含めて、ドジャースが経験してきたこの10年間を、彼らはまったく

成功だとは思っていないとはおっしゃっていたので、それだけ勝ちたいという意思が、みんな強いんだなっていうのは心に残ったかなと思います」

長期的なプランで野球人生を描き、日本ハム入団時も、エンゼルス入団時も、明確なビジョンがあったはずだ。ただ、個人の力だけでは勝てない。選手をはじめ、監督、そしてチームの組織全体がゴールに向かう必要がある。

「一番大事なのは、全員が勝ちに、同じ方向を向いているということだと思うので。オーナーグループも、フロントの皆さんも、もちろんチームメート、ファンの皆さんもそうですし、みんながそこに向かっているというのが一番大事」

二刀流は、勝つ集団における一つのピースにすぎない。全員野球こそが、強さにつながる。

「まず優勝することを目指しながら、欠かせなかったと言われる存在になりたいですし、そういう期待を込めた契約だと思うので。今後も全力で頑張っていきたい」

10年契約――。常勝軍団の新時代が訪れる。その中心に大谷がいる。

会見にはブルーのネクタイを締めて登場

入団会見で大谷が契約継続の「キーマン」と明言

“常勝軍団”を支える1000万ドルの男 編成本部長フリードマンの実績と経歴

大谷翔平がドジャース移籍を決めたことをインスタグラムで発表した日の午前中、代理人のネズ・バレロ氏から電話をもらったのがアンドリュー・フリードマン編成本部長だった。フリードマンは「ショウヘイがドジャースに入団すること、それをインスタグラムでもうすぐ発表すること以外、何を話したか覚えていない。最高の気分だった」とその瞬間を振り返った。

大谷は入団記者会見の冒頭あいさつのなかで「とくに感謝している5人の人物」の一人としてフリードマンの名前を挙げた。フリードマン（またはマーク・ウォルター・オーナー）が退団した場合にオプトアウト権が発生する「キーマン条項」を契約に盛り込んでいることからも、大谷がフリードマンに全幅の信頼を置いていることがうかがえる。2014年10月に5年3500万ドルでドジャースに加入して球界最高給のエグゼクティブとなり、現在は年俸1000万ドルともいわれるフリードマンはどのような人物なのだろうか。まずは簡単に経歴を振り返ろう。

元投資銀行アナリスト 28歳でレイズのGMに

ヒューストン生まれのフリードマンは、野球の奨学金を得てテューレーン大学へ進学し中堅手としてプレー。しかし、故障に泣かされ、選手としては思うような活躍ができなかった。金融を専攻して経営学の学士号を取得し、卒業後はニューヨークを拠点とする投資会社で2年ほどアナリストを務めたあと、未公開株式投資会社にも3年間勤務した。ある日、フリードマンはスチュアート・スターンバーグ（当時、投資銀行家）と出会い、理想の野球チームづくりについて意気投合。スターンバーグは2004年にデビルレイズ（現レイズ）を買収すると、オフには野球育成部門のディレクターとしてフリードマンをチームに招き入れた。育成部門で実績を積んだフリード

フロント入り後の成績

年度	チーム	順位
2005	デビルレイズ	5位
2006	デビルレイズ	5位
2007	デビルレイズ	5位
2008	レイズ	**1位**
2009	レイズ	3位
2010	レイズ	1位
2011	レイズ	2位
2012	レイズ	3位
2013	レイズ	2位
2014	レイズ	4位
2015	ドジャース	1位
2016	ドジャース	1位
2017	ドジャース	**1位**
2018	ドジャース	**1位**
2019	ドジャース	1位
2020	ドジャース	**1位**
2021	ドジャース	2位
2022	ドジャース	1位
2023	ドジャース	1位

※順位は地区。太字はリーグ優勝、赤太字はWS優勝

大谷の入団会見でのフリードマン。元金融マンらしく、リスクを見極めるのが非常にうまい。1976年生まれ、テキサス州ヒューストン出身

マンは、２００５年11月に28歳の若さでＧＭに就任。主力選手を放出し、数年後に備えてチーム再建を進めた。そして、球団名をレイズに変えた２００８年に球団史上初のシーズン勝ち越しどころか、地区優勝を成し遂げ、さらにはリーグ優勝も達成。レイズはその後もメジャー最低レベルの資金力にもかかわらず、２０１３年まで６年連続でシーズンを勝ち越し、フリードマンの手腕に対する評価はどんどん上昇していった。

　そこに目をつけたのが２０１２年３月にマジック・ジョンソンらの投資グループが球団を買収し、新たなチームづくりを開始していたドジャースだった。ドジャースは５年３５００万ドルという好条件を提示してフリードマンの引き抜きに成功。フリードマンはメジャー屈指の貧乏球団を離れ、２０１４年オフからメジャーを代表する名門球団でフロントオフィスのトップ（編成本部長）を務めることになった。

　なお、このときレイズのジョー・マドン監督はオプトアウト権を行使してカブスへ移籍しているが、これはフリードマン退団によって「キーマン条項」が発動した結果だといわれる。エンゼルスの監督として大谷を支えたマドン監督も、フリードマンに全幅の信頼を置いていたのだ。

中長期的な視野で継続性あるチームづくり

　ドジャースの編成本部長に就任したあとのフリードマンは、使えるお金が格段に増えたにもかかわらず、スーパースターをかき集めるようなことはせず、ベテラン選手を次々に放出するなどして血の入れ替えを行い、競争力を維持しながらも堅実にチームづくりを進めていった。もちろん、レイズ時代とは違って資金はあるため、ジャスティン・ターナーら、チームに必要な戦力の引き留めにはお金を使うようになった。

　元金融マンらしく、リスクを見極めるのが非常にうまく、「不良債権」はチーム内にほとんど見当たらない。また、２０２０年にトレードで獲得したムーキー・ベッツと12年３億６５００万ドルで契約を延長すると、２０２１年オフにはフレディ・フリーマンを６年１億６２００万ドルで獲得するなど、近年はリスクの低い大物選手に対して大金を投じるケースも増えてきた。

文／村田洋輔

2015年オフに就任したデーブ・ロバーツ監督やフロントオフィスの他メンバーとも一丸となってチーム強化に取り組み、その結果、ドジャースはフリードマンの加入後、一度もポストシーズン進出を逃していない。フリードマンはドジャースが32年ぶりのワールドシリーズ制覇を成し遂げた2020年にMLBの最優秀エグゼクティブに選出され、ドジャースは2017年、2020年に「ベースボール・アメリカ」が選出する最優秀球団組織に選ばれている。

フリードマンをレイズから引き抜いた際、「彼は現在の球界で最も若く、最も聡明な頭脳を持った人物の一人」と語ったスタン・カステン球団社長の目は間違っていなかったのだ。

数年前から大谷獲得に向けて準備を進めてきたように、目の前の勝利にとらわれず、中長期的な視野を持って継続性のあるチームづくりができるのがフリードマンの最大の特長だろう。今オフはプロスポーツ史上最高額を投じて大谷の獲得に成功。今後10年間は大谷をチームの軸に据えることになるが、その周りにどんな選手を集め、どんなチームをつくっていくのか、非常に興味深い。

(左から)ウォルター筆頭オーナー、大谷、フリードマン編成本部長

DH

Shohei Ohtani 17

「世界一」目指し常勝軍団へ

大谷翔平

1994年7月5日生／193cm・95kg／右投左打／7年目

2023年シーズン成績

打	試	135	率	.304	本	44	点	95
	盗	20	OPS	1.066				
投	試	23	勝	10	敗	5	S	0
	回	132	振	167	防	3.14		

ロサンゼルス・ドジャース 主力選手名鑑2024

文／村田洋輔

先発

Yoshinobu Yamamoto 18

NPBで3年連続「投手四冠」

山本由伸

1998年8月17日生／178cm・80kg／右投右打／1年目

2023年シーズン成績（NPB）

試	23	勝	16	敗	6	S	0
回	164	振	169	防	1.21		

Freddie Freeman 5

フレディ・フリーマン

１９８９年９月12日生／１９６㎝・１００㎏／右投左打／15年目

一塁手

通算打率３割超の「安打製造機」

「オールＭＬＢ」の表彰が始まった２０１９年以降、５年連続で選出されているメジャー唯一の選手。守備・走塁面の貢献度も高い選手だが、とくに打撃面の安定感は素晴らしく、メジャー14年間の通算打率は3割を超えている。ブレーブス時代の２０２０年は、開幕前に新型コロナに感染して高熱に苦しまされたものの、シーズンに入ると全試合出場で打率３割４分１厘、ＯＰＳ１・１０２と見事な活躍を見せMVPを受賞。ドジャース移籍2年目の昨季は、1試合しか欠場せず、球団新記録となる59本の二塁打を放っただけでなく、自身初のシーズン２００安打を達成し、ＭＶＰ投票では同僚のベッツに次ぐ3位となった。12度の敬遠はリーグ最多。また23盗塁は自己最多を大きく更新したが、状況判断が非常にうまく、盗塁失敗は1度だけ。

　今季は3番打者として大谷の後ろを打つことが予想され、大谷が勝負を避けられるシーンは激減するはずだ。

2023年シーズン成績

試	161
率	.331
本	29
点	102
盗	23
OPS	.977

ムーキー・ベッツ

二塁手

1992年10月7日生／175㎝・82㎏／右投右打／11年目

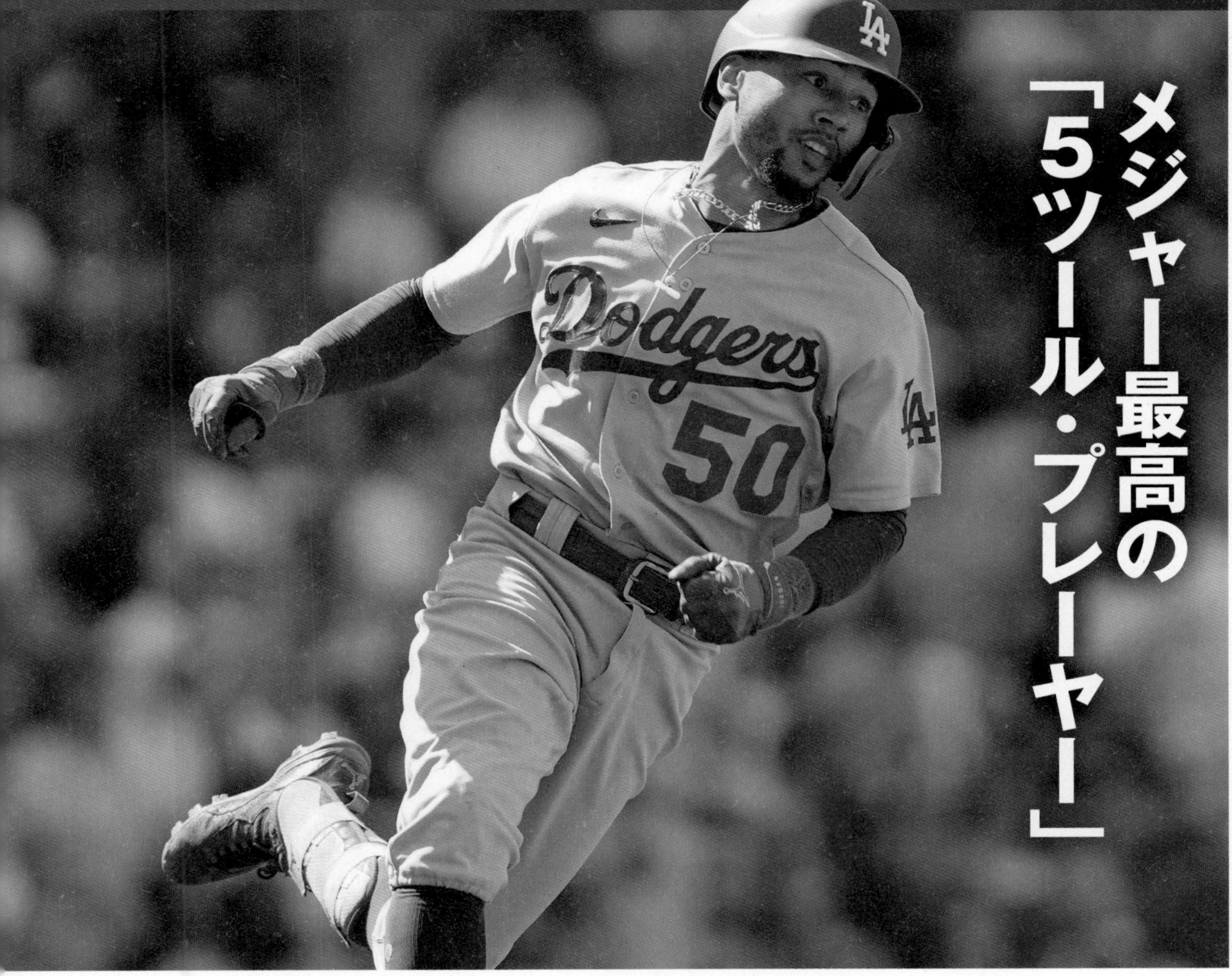

メジャー最高の「5ツール・プレーヤー」

メジャーを代表する「5ツール・プレーヤー」の一人。ゴールドグラブ賞を6度受賞している名右翼手だが、もともとは二塁手であり、2020年のドジャース加入後は毎年数試合だけ二塁を守っていた。しかし、昨季はチーム事情もあって二塁手としての出場機会が激増。遊撃手としても12試合にスタメン出場するなど、球界最高のユーティリティー・プレーヤーへと進化を遂げた。

打撃面では5年ぶり2度目の打率3割をマークしただけでなく、自己最多の39本塁打を記録。うち12本は先頭打者アーチで、アルフォンゾ・ソリアーノ（元広島）が持つシーズン最多記録まであと1本に迫った。2年連続6度目となるシルバースラッガー賞を受賞し、MVP投票では5年ぶり2度目の受賞は逃したものの、2位票を独占してロナルド・アクーニャJr.（ブレーブス）に次ぐ2位にランクイン。今季は正二塁手として起用される予定だ。

2023年シーズン成績	
試	152
率	.307
本	39
点	107
盗	14
OPS	.987

Max Muncy 13

マックス・マンシー

三塁手

1990年8月25日生／183㎝・98kg／右投左打／9年目

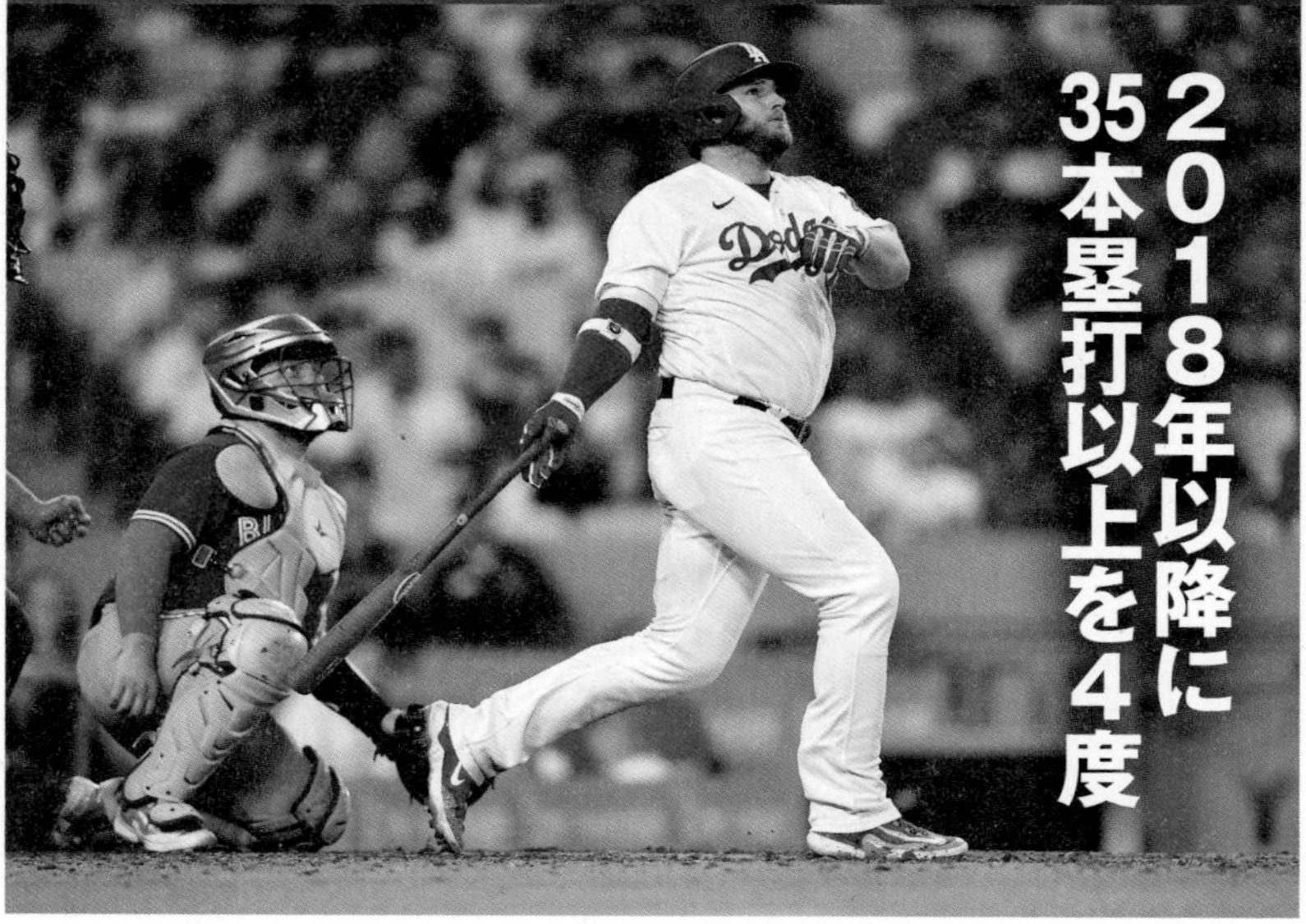

2018年以降に35本塁打以上を4度

2023年シーズン成績	試	135	率	.212	本	36	点	105	盗	1	OPS	.808

2018年以降の6年間でシーズン35本塁打以上を4度も記録している長距離砲。2022年は打率1割9分6厘、21本塁打と不振に喘《あえ》いだが、昨季は自己最多タイの36本塁打、自己最多の105打点を記録するなど巻き返した。2015～16年にアスレチックスで合計96試合に出場したものの、2017年開幕直前に解雇。マイナー契約でドジャースに拾われ、翌2018年から主軸打者として活躍を続けている。一塁、二塁、三塁を守れる器用さを持つが、昨季は三塁に固定。オフには2025年まで（球団オプションを含めると2026年まで）契約を延長している。

Chris Taylor 3

クリス・テーラー

左翼手

1990年8月29日生／185㎝・89kg／右投右打／11年目

内外野でスタメンを張る便利屋

2023年シーズン成績	試	117	率	.237	本	15	点	56	盗	16	OPS	.746

一塁を除く内外野6ポジションを守るユーティリティー・プレーヤーとしてチームを支える選手。2016年6月にマリナーズからドジャースへ移籍すると打撃開眼し、翌2017年は自己最多の21本塁打を放った。自身2度目のシーズン20本塁打を記録した2021年にはオールスター・ゲーム初選出。ここ2年間は打撃成績を落としているものの、それでも2桁本塁打&2桁盗塁を達成している。2021年のリーグ優勝決定シリーズ第5戦では3本塁打の大暴れ。外野が手薄というチーム事情もあり、今季は左翼を守る機会が多くなりそうだ。

捕手ではメジャー屈指の打撃力

Will Smith 16

ウィル・スミス

1995年3月28日生／178cm・88kg／右投右打／6年目

捕手

昨年3月に行われたワールド・ベースボール・クラシックのアメリカ代表にも選ばれた強打の捕手。2019年にメジャーデビューすると、54試合で15本塁打を量産し、翌2020年は短縮シーズンながら自己最高のOPS・980をマークした。2021年からは正捕手として起用されるようになり、2年連続で24本塁打以上を記録。2022年には自己最多の87打点を叩き出した。

昨季はやや成績を落としたものの、それでも20本塁打、80打点に迫る数字を残し、メジャー5年目にして初のオールスター・ゲーム選出。両リーグ最多タイの12犠飛を放ったように、要所でしっかりと仕事をこなせる勝負強さも持ち合わせている。

強打のイメージが強いが、守備面でも年々安定感を増しており、昨季は自己ベストの守備防御点+12をマーク。選球眼のよさも含めて総合力が高く、現在のメジャーを代表する捕手の一人と言っても過言ではない。

2023年シーズン成績	
試	126
率	.261
本	19
点	76
盗	3
OPS	.797

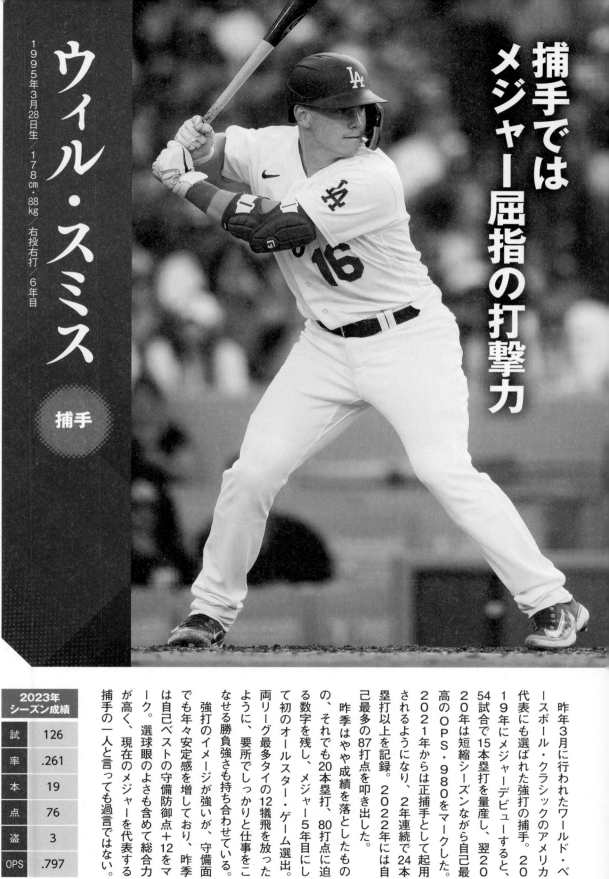

James Outman 33

ジェームズ・アウトマン

中堅手

1997年5月14日生／191㎝・98kg／右投左打／3年目

2年目の昨季は120安打、23本塁打

2023年シーズン成績	試	151	率	.248	本	23	点	70	盗	16	OPS	.790

昨季メジャー2年目でレギュラー定着を果たし、新人王投票で3位にランクインした若手外野手。2022年にマイナー4試合で2度のサイクル安打を達成、打率2割9分4厘、31本塁打、106打点、OPS・978の好成績を残し、その実力をメジャーの舞台でも発揮した。4月に月間最優秀新人を受賞したあと、一度は失速したものの、そこから巻き返して8月に2度目の月間最優秀新人に選出。中堅の守備も安定していた。2018年ドラフト7巡目指名と、けっして注目の存在ではなかったが、そうした選手の成長と活躍がドジャースの強さを支えている。

Jason Heyward 23

ジェイソン・ヘイワード

右翼手

1989年8月9日生／196㎝・109kg／左投左打／15年目

ゴールドグラブ賞5度受賞の実績

2023年シーズン成績	試	124	率	.269	本	15	点	40	盗	2	OPS	.813

新天地ドジャースで復活を遂げたベテラン外野手。かつては外野守備の名手として活躍し、ゴールドグラブ賞を5度受賞。8年契約でカブスに加入した2016年にはワールドシリーズ制覇も経験した。ところが、打力低下で高額年俸に見合う働きができなくなり、契約を1年残して2022年11月に解雇。マイナー契約でドジャースに加入し、2023年シーズンは15本塁打、124試合でOPS・813をマークした。その活躍が認められ、オフに1年900万ドルで再契約。今季も「対右腕用の右翼手」として300打席以上の出場機会を得ることになりそうだ。

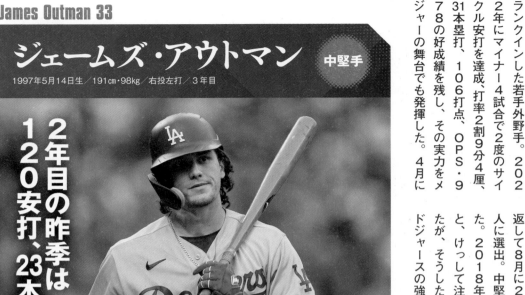

Gavin Lux 9

ギャビン・ラックス

遊撃手

1997年11月23日生／188㎝・86kg／右投左打／5年目

正遊撃手へ期待も昨季は故障で全休

2023年シーズン成績	出場なし

2016年ドラフト1巡目（全体20位）指名で入団し、2019年にはマイナーで打率3割4分7厘、26本塁打の好成績を残して「ベースボール・アメリカ」が選ぶマイナーMVPに選出された。遊撃にシーガー（現レンジャーズ）やターナー（現フィリーズ）がいた関係で、昇格後は二塁手として起用され、2022年は自己最多の129試合に出場して打率2割7分6厘を記録。ターナーが移籍した昨季はレギュラー獲りの大チャンスだったが、オープン戦で右ひざに重傷を負って全休した。2年ぶりのメジャー復帰となる今季は正遊撃手定着を目指す。

Miguel Rojas 11

ミゲル・ロハス

遊撃手

1989年2月24日生／183㎝・85kg／右投右打／11年目

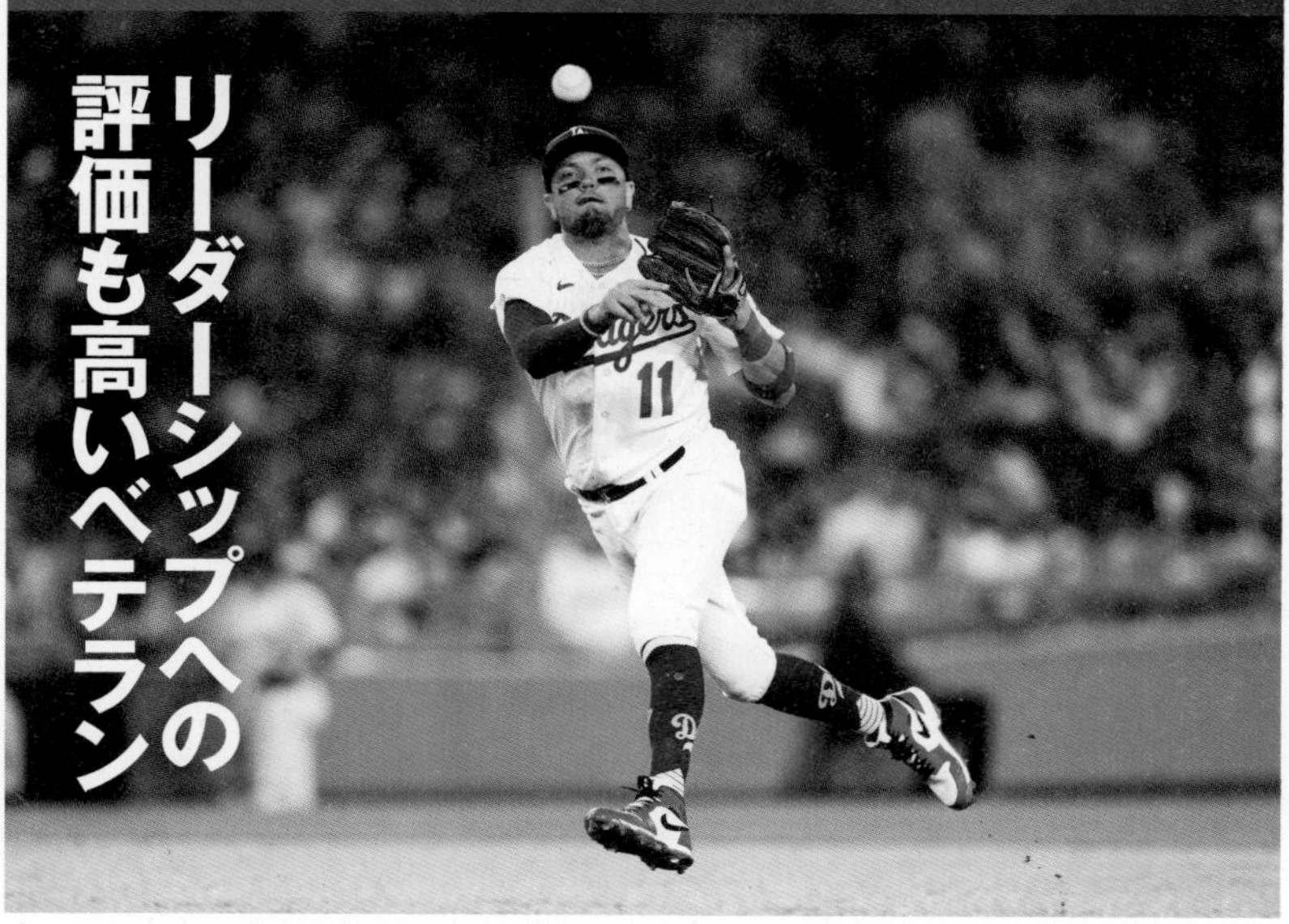

リーダーシップへの評価も高いベテラン

2023年シーズン成績	試	率	本	点	盗	OPS
	125	.236	5	31	8	.612

好守が光るベテラン遊撃手。2014年にドジャースでメジャーデビューし、2015～22年はマーリンズでプレーしたが、昨季9年ぶりにドジャースに戻ってきた。125試合に出場して打率2割3分6厘、5本塁打、OPS・612と打力不足が目立ったものの、遊撃守備では前年の守備防御点＋15に続いて昨季も＋12をマーク。わずか6失策とミスも少なく、安定した守備力でチームを支えた。今季はラックスの控えに回る可能性が高いが、左腕に強いため、左打者のラックスとのプラトーン起用が有力視されている。リーダーシップへの評価も高い。

Austin Barnes 15

オースティン・バーンズ

捕手

1989年12月28日生／178㎝・85kg／右投右打／10年目

ド軍一筋10年目 カーショウの女房役

堅実なプレーで2番手捕手としてチームを支えるベテラン。2011年、マーリンズに指名されてプロ入りしたが、2015年のメジャーデビュー後はドジャース一筋のキャリアを過ごしている。カーショウの女房役として知られており、通算84試合でバッテリーを組んで防御率2・67を記録（正捕手スミスは38試合で防御率3・02）。大学時代に捕手を始めるまでは内野手だったため、今でも緊急時には二塁の守備に就くことがある。おじはアスレチックスなどで内野のユーティリティーとして活躍したマイク・ガイエゴ。その器用さを受け継いでいるのだろう。

2023年シーズン成績	試	59	率	.180	本	2	点	11	盗	2	OPS	.498

Manuel Margot 25

マニュエル・マーゴ

外野手

1994年9月28日生／180㎝・82kg／右投右打／9年目

グラスノーとともに レイズから移籍

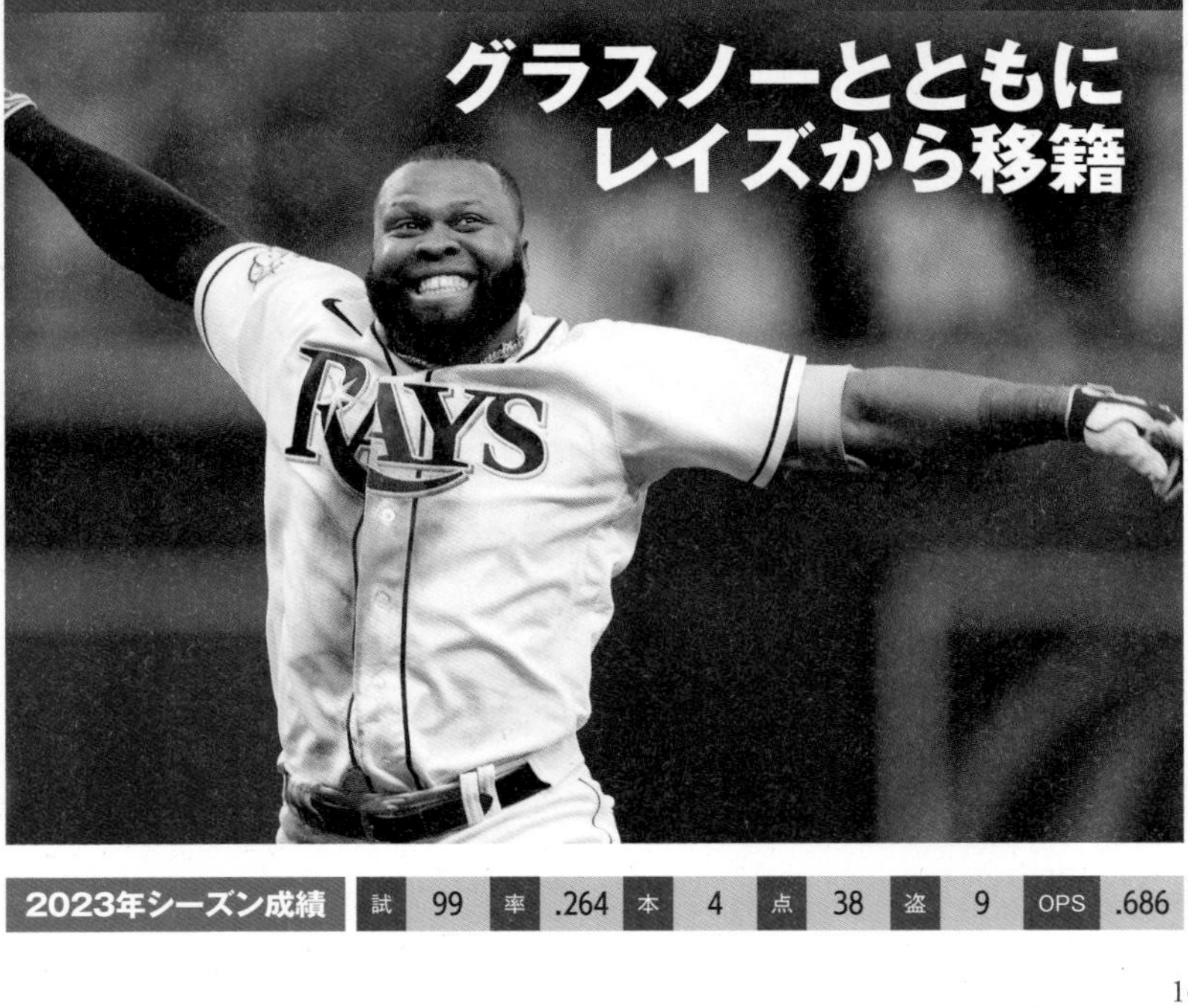

俊足好守の外野手。マイナー時代からトップ・プロスペクトとして期待されていた選手であり、メジャー昇格後は走攻守をバランスよく兼ね備えた選手として堅実な活躍を見せている。正中堅手アウトマンと正右翼手ヘイワードが左打者のため、右打者のマーゴは対左腕要員としての出場機会が多くなる見込み。昨季は左腕に対してOPS・665に終わったが、2022年は・876、2019年にも・886をマークするなど、本来は左腕にめっぽう強い選手であり、期待は大きい。外野の3ポジションを安定して守れる点もチームにとっては重宝するはずだ。

2023年シーズン成績	試	99	率	.264	本	4	点	38	盗	9	OPS	.686

レイズから移籍した超豪腕

タイラー・グラスノー

Tyler Glasnow 31

1993年8月23日生／203㎝・102㎏／右投左打／9年目

先発

2023年 シーズン成績	
試	21
勝	10
敗	7
S	0
回	120
振	162
防	3.53

レイズとのトレードで移籍してきた剛腕。2021年にトミー・ジョン手術を受けるなど、非常に故障が多いキャリアを過ごしており、メジャー8年間で規定投球回をクリアしたシーズンは一度もない。しかし、エース級のポテンシャルを秘めており、2019年には12先発で6勝1敗、防御率1・78、2021年にも14先発で5勝2敗、防御率2・66の好成績を残している。

トミー・ジョン手術からの本格復帰のシーズンとなった昨季は、21先発で自己最多の120イニングを投げて防御率3・53を記録。10勝と162奪三振はともにキャリアハイとなった。最大の魅力は最速100マイルを超える4シームで、スライダーとカーブも威力抜群。今季もこれら3つの球種を武器に三振の山を築くはずだ。トレード加入時に5年契約を結んでおり、今季から山本と、来季からは大谷も一緒に先発ローテーションの中心的役割を担っていく。

Walker Buehler 21

ウォーカー・ビューラー

1994年7月28日生／188cm・84kg／右投右打／7年目

先発

2度目のTJ手術から復活を期す次代のエース

2度目のトミー・ジョン手術から戻ってくる2022年シーズンの開幕投手。1度目のトミー・ジョン手術は2015年ドラフト1巡目（全体24位）指名でプロ入りした直後に受けている。メジャー3年目の2019年に14勝4敗、防御率3・26、215奪三振という活躍を見せ、オールスター・ゲームに初選出されると、2021年には16勝4敗、防御率2・47、212奪三振の成績で2度目のオールスター・ゲーム選出のほか、サイ・ヤング賞投票では4位にランクインした。2022年は開幕投手を務め、稼働率が下がっているカーショウからエースの座を奪ったかと思われたが、6月に右前腕を痛めて離脱。8月にはトミー・ジョン手術を受け、昨季は全休した。

今季はFAを控える重要なシーズンとなるが、ドジャースは投球イニング制限を設けて慎重に起用する方針。伸びのある速球の威力がどこまで戻っているか注目される。

2023年シーズン成績
登板なし

Bobby Miller 70

ボビー・ミラー

先発

1999年4月5日生／196㎝・100kg／右投左打／２年目

1年目の昨季11勝 先発4番手を担う

メジャー1年目から2桁勝利を挙げ、さらなる飛躍が期待される右腕。2020年ドラフト1巡目（全体29位）指名で入団し、翌2021年にマイナーで防御率2・40をマークすると評価が急上昇してトップ・プロスペクトの一人と目されるように。昨年5月にメジャーデビューし、最初の4先発で3勝0敗、防御率0・78の快投。その後、打ち込まれる時期もあったが、防御率3点台でシーズンを終え、チーム2位タイの11勝を挙げた。4シームの平均球速は99・1マイルに達し、シンカー、カーブ、スライダー、チェンジアップと多彩な球種を投げ分ける。

2023年シーズン成績	試	勝	敗	S	回	振	防
	22	11	4	0	124.1	119	3.76

Emmet Sheehan 80

エメット・シーアン

先発

1999年11月15日生／196㎝・98kg／右投右打／2年目

ローテ入りが予想される期待の右腕

ヤーブロー、ストーンらと先発5番手の座を争う若手右腕。2021年ドラフト6巡目指名で入団し、マイナーでは通算42登板（うち27先発）で14勝4敗、防御率2・95の好成績を残している。昨年6月16日のジャイアンツ戦でデビューすると、いきなり6イニングを無安打無失点に抑える快投を披露。次の登板で初勝利を挙げ、最終的には13登板（うち11先発）で4勝を記録した。ピッチングは平均95・4マイルの4シームが主体で、そこにスライダーとチェンジアップを織り交ぜる。フライ系投手のため、本拠地ドジャー・スタジアムとの相性もよさそうだ。

2023年シーズン成績	試	勝	敗	S	回	振	防
	13	4	1	1	60.1	64	4.92

Evan Phillips 59

エバン・フィリップス

クローザー

1994年9月11日生／188㎝・98kg／右投右打／7年目

昨季からクローザー スイーパーが武器

2023年シーズン成績	試	62	勝	2	敗	4	S	24	回	61.1	振	66	防	2.05

ドジャース移籍後に飛躍を遂げた打者の代表格がマンシーやテイラーだとしたら、投手の代表格はフィリップスだろう。２０１８年７月にブレーブスでメジャーデビューしたあと、オリオールズ、レイズと渡り歩き、冴えないパフォーマンスを続けていたが、２０２１年８月にドジャースに加入すると、翌２０２２年には64登板で防御率１・14をマークする大活躍。昨季は１年でチームを去ったキンブレル（現オリオールズ）の後任としてクローザーに抜擢《ばってき》され、24セーブを挙げた。ドジャース移籍後に投球割合を大きく増やしたスイーパーが最大の武器となっている。

Brusdar Graterol 48

ブルスダー・グラテロル

セットアップ

1998年8月26日生／185㎝・120kg／右投右打／6年目

昨季防御率1・20 頼れる剛腕リリーバー

2023年シーズン成績	試	68	勝	4	敗	2	S	7	回	67.1	振	48	防	1.20

２０２０年２月に前田健太とのトレードでツインズから加入し、頼れるセットアッパーへと成長を遂げた剛腕リリーバー。２０２２年までは平凡な成績に終わるシーズンが続いていたが、昨季は自己最多の68試合に登板し、４勝２敗７セーブ、19ホールド、防御率１・20と素晴らしい成績を残した。平均98・6マイルのシンカーが主体のため、内野ゴロを量産するピッチングを展開する（昨季のゴロ率は66・０％）。それでも２０２２年に自己最速の１０２・５マイルを計測した剛速球は見ごたえ十分。今季もセットアッパーとして大車輪の活躍が期待される。

Caleb Ferguson 64

ケイレブ・ファーガソン

セットアップ

1996年7月2日生／191㎝・103kg／左投右打／6年目

貴重な左のセットアッパー

2023年シーズン成績	試	68	勝	7	敗	4	S	3	回	60.1	振	70	防	3.43

２０２０年９月に２度目のトミー・ジョン手術を受け、復帰３年目のシーズンを迎える。術後初のフルシーズンとなった昨季は自己最多の68試合に登板し、７勝４敗３セーブ、17ホールド、防御率３・43とまずまずの成績を残した。オープナーも７度務めたが、無失点は４度だけと結果はいま一つ。リリーフ登板に限れば、防御率は３・02だった。２０２２年は４シームとカーブのコンビネーションだったが、昨季はカーブを1球も投げず、４シームとカッターの組み立てに。ブルペンで最も序列が高い左腕であり、今季もフル回転して70試合前後に登板することになりそうだ。

Joe Kelly 99

ジョー・ケリー

セットアップ

1988年6月9日生／185㎝・79kg／右投右打／13年目

「17」を大谷に譲った13年目ベテラン

2023年シーズン成績	試	42	勝	2	敗	5	S	1	回	39.1	振	60	防	4.12

大谷に背番号「17」を譲ったことで話題になったベテラン右腕。背番号を譲ってもらったお礼として、大谷がアシュリー夫人にポルシェをプレゼントしたこともメディアで大きく取り上げられた。メジャー12年間で通算４５０試合に登板し、２０１８年にレッドソックス、２０２０年にはドジャースでワールドシリーズ制覇を経験。２０２２年からホワイトソックスでプレーしていたが、昨季途中に復帰し、オフに1年８００万ドルで再契約した。平均98・９マイルのシンカーと威力抜群のスライダーが主体。30代中盤を迎えても自慢の剛速球に陰りは見えない。

数字でわかる
ロサンゼルス・ドジャースのここがすごい!

日本人には一番なじみ深いＭＬＢチームかもしれないが、意外に知らないその歴史と最新事情。数字から読み解くドジャースのここがすごい——。

2023年の観客動員数

383万7079人

本拠地ドジャー・スタジアムの2023年ホーム観客動員数。短縮シーズンの20年を除き、13年から10年連続で全30球団のなかでもトップの観客数を誇る。1試合平均観客動員数は約4万7371人（81試合）であり、23年NPBトップの4万1064人（阪神タイガース）と比較しても、まさにメジャー・スケールだ

所属日本人選手

11人

日本人選手のメジャー進出のパイオニアとなった1995年野茂英雄に始まり、過去には9人の日本人選手が活躍し大谷翔平、そして山本由伸の2人を加えると、MLB最多の計11人。2000年代から石井一久、木田優夫、中村紀洋、斎藤隆、黒田博樹、10年代から前田健太、ダルビッシュ有、20年代に筒香嘉智が在籍

ワールドシリーズ制覇

7回

ワールドシリーズ進出は21度。初制覇は、ブルックリンを拠点としていた1955年。58年に現在のロサンゼルスへ本拠地を移したあとも、翌59年をはじめ、63、65、81、88年に優勝。88年を最後に世界一から遠のいていたが、2020年にレイズを倒し32年ぶりに頂点。ワールドシリーズ制覇7度はメジャー単独6位

監督在任期間

23年

指揮を執った歴代32人のうち、最長在任期間は、23年間(1954～76年途中)のウォルター・オルストンがトップ。次いで、日本でもおなじみだったトム・ラソーダの21年間(76～96年途中)。この2人の背番号「24」「2」はドジャースの永久欠番。3番目はウィルバート・ロビンソンの17年間(14～31年)

2024年の総年俸

2億8500万ドル

今オフは大谷、山本、そしてレイズのエース右腕グラスノーを次々と獲得。山本の前所属オリックスへの入札金約5100万ドル(約72億円)を含めると、「10日間で合計11億ドル4500万ドル(約1660億円)」という空前絶後の大型補強を行った。これにより、2024年のチーム総年俸は2億8500万ドル(約413億円)の見通しに

新人王

18人

これまで輩出した新人王18人はメジャー最多。同賞が制定された1947年から2季は両リーグで1人が選出されており、初代新人王は20世紀初のアフリカ系選手として歴史に名を残したジャッキー・ロビンソンが獲得した。日本人では95年野茂英雄、直近ではコディ・ベリンジャー(カブスFA)が2017年に受賞

メジャー通算

10924勝

1890年ナ・リーグ参加以来、常勝軍団は2023年までの134年間にわたり勝利を積み上げてきた。初勝利は1890年4月21日。2014年4月30日にはツインズを下して球団通算1万勝を達成。通算1万勝達成はジャイアンツ、カブス、ブレーブスに次いで4球団目。ちなみに、日本の常勝軍団・巨人は通算6266勝

INTRODUCTION

2023年12月9日（日本時間10日）、ロサンゼルス・エンゼルスからフリーエージェント（FA）となっていた大谷翔平選手がロサンゼルス・ドジャース移籍を発表した。

残留か、移籍か。移籍なら、どのチームに決めるのか。日本中、そして全米中が大谷選手の一挙手一投足に注目し、新たな情報を求めてSNSを追い、決定を今か今かと心待ちにしていた。

二刀流プレーヤーとしてベーブ・ルース以来、そしてルース超えの記録を樹立し続けた大谷選手は、新たな船出も斬新だった。移籍発表は本人の公式インスタグラムで第一報を出し、ファンは誠実なコメントに心を打たれた。さらに、その契約内容には世界中が度肝を抜かれた。10年間総額7億ドル（約1015億円）。その大型契約はMLB史上最高額であり、サッカーのスーパースター、リオネル・メッシ（当時バルセロナ）の4年総額5億5500万ユーロ（約870億円）をも超えた。名実ともに世界一のアスリートとなったのだ。

顧みれば、これまでも未知の領域を切り拓いてきた。2012年、ドラフト4日前

にMLB挑戦を表明したことも異例。1位で強行指名した北海道日本ハムファイターズが、MLB挑戦への育成計画書を作成したことも異例。日本球界でも二刀流選手として数々の「史上初」を成し遂げ、2018年に海を渡った。

MLB1年目のオフに右肘のトミー・ジョン手術を経験するなど苦難の時期を乗り越え、2021年から本格的に二刀流を解禁。そのシーズンに46本塁打を放ち、2022年には投打ともに規定投球回・規定打席をクリア。そして昨年はアジア人として初の本塁打王に輝いた。

そして今年、「SHO-TIME」第二章が始まる。

本書では、半世紀以上にわたってメジャーを見続けてきた大リーグ評論家・福島良一氏、日本語版公式「MLB.jp」の村田洋輔編集長、MLB中継の実況担当・DJケチャップ氏が鼎談。さらなる活躍を祈念し、大谷選手、そしてMLBの魅力をあますところなく著すものである。

宝島社書籍編集部

ドジャース大谷翔平を徹底解剖！
MLBを100倍楽しむ本 2024年版

CONTENTS

写真／アフロ（USA TODAY Sports/ロイター、ZUMA Press、日刊スポーツ、AP、Everett Collection、REX、UPI）
カバー・表紙デザイン／ライラック　本文デザイン・DTP／田辺雅人　編集／丸井乙生（アンサンヒーロー）

福島良一×村田洋輔×DJケチャップ

ドジャース
大谷翔平を
徹底解剖

移籍予想

「東海岸」「残留」「逆張り」……3人の予想の結果は？
異例の「秘密主義」を貫いた理由

名門ヤンキース推しだった福島氏

DJケチャップ（以下、ケチャップ） ロサンゼルス・ドジャース決定の一報は、みなさんどう思いましたか？ 僕は「やっぱりか」と思いました（笑）。

村田洋輔（以下、村田） 僕も「あ、やっぱりそうなんだ」と（笑）。

福島良一（以下、福島） それにしても、あの発表の仕方にはびっくりしたね。大谷選手自身のインスタグラムで第一報。しかも、アイコンがドジャースのロゴに変更されていた。しゃれているねえ。見た瞬間、ドジャースに決めたことがわかるから。

でも、個人的にはアメリカ東部の球団へ行ってほしかったなあ。なかでも、かつて「野球の首都」と呼ばれた大都市に本拠を置くニューヨーク・ヤンキース。やはりメジャーきっての名門球団ですし、そこで勝負して成功してこそ、本物のスーパースターになれるし、そこで世界一になってこそ、真のチャンピオンになれる。

といっても、実際の移籍先はずっとドジャースだとは思っていましたし、最高の選択でしたね。

村田 「ファイナリスト」[1]にはトロント・ブルージェイズもロサンゼルス・エンゼルスもいた、という話になっています。サンフランシスコ・ジャイアンツとシカゴ・カブスは、ファイナリストのなかでは劣勢だったという感じです。

福島 最終候補にブルージェイズが残ったことはうれしかったなあ。ブルージェイズは知る人ぞ知る素晴らしいチーム[2]。さすが大谷選手だと思いました。

ケチャップ ドジャースの可能性は一番高かったけれど、僕は逆張りばかりしていたので、エンゼルスかジャイアンツか、ひょっとしたら北海道日本ハムファイターズが業務提携しているテキサス・レンジャーズも……なんて考えていました。逆張りの〝結論〟として、SNSではずっとジャイアンツを挙げていたんです。だって、大谷選手にはチャンピオンになってもらいたいじゃないですか。

福島 ジャイアンツはドジャースと昔から因縁のライバル関係にあり、2021年に球団新記録の107勝で9年ぶり地区優勝を果たしましたが、現在はドジャースの後塵を拝しているからなあ。

村田 僕はエンゼルス残留か、ドジャース移籍で半々ぐらいの確率かなと思っていました。以前から口にしていた「勝ちたい」「ワールドチャン

1 ファイナリスト
最終段階まで大谷獲得を目指しているとされた球団の意

2 ブルージェイズは知る人ぞ知る素晴らしいチーム
ブルージェイズはメジャー屈指の先発陣を揃え、2022年から2年連続ポストシーズン進出

※1ドル=145円で換算

大谷ドジャース入りを受けて、
都内では号外が配布された

ピオンになりたい」という気持ちを考えれば、エンゼルスを離れる選択しかないのですが、大谷選手が本当に何を最優先に考えているかという情報がまったく出ていなかったので、ひょっとしたら、これまで通りに「打って投げて」を一番に考えているのかもしれないなと。

もしそうなら、エンゼルスに残るという選択肢もある。そして、「勝ちたい」というこれまでのコメントも、もしかしたら、「このエンゼルスで勝ちたい」思いが込められているのかなと。

個人的には、大谷選手が引っ張ってエンゼルスが強くなっていくというストーリーが見たかったなあ。彼がいてもいなくても勝てるチームに入って、それでワールドチャンピオンになりました、ということが、本人にとっても、ファンにとっても面白いのかなという点もあって。

発表コメントでの「謝罪」の意味

ケチャップ 発表時の「決断に時間がかかってしまい申し訳ありません」というコメントに、すべてのチームに対してリスペクトを持っている大谷選手らしさがありました。彼の人間性ですよね。お金をつり上げようとせず、自分の環境整備や思いに沿って正直にやるために、情報を出さないようにしたのかな。

福島 普通は、あんなふうに書かないよね。過去に前例のない超大型契約だけに、情報を漏らしたくないという気持ちはあったのではと思います。

村田 あの場面で謝る選手は初めてでしょうね。大谷選手がお金に対してあまり関心がない以上、交渉の駆け引きとして情報をリークしたりする必要がまったくなかった部分もあるかもしれません。

また、フィールド以外の部分で必要以上に騒がれたくなかったのではないでしょうか。

DJケチャップ

でぃーじぇー・けちゃっぷ●1974年12月6日生まれ、兵庫県出身。本名・藤本芳則。姫路東高校硬式野球部を経て関西大学卒。2003年から横浜などプロ野球をはじめ、各スポーツ大会、イベントのスタジアムDJを務め、日本のプロ野球ファンにはおなじみの存在。21年からABEMAのMLB中継配信で実況を担当。18年から侍ジャパンの代表戦でスタジアムDJも務めるなどマルチに活躍中。

村田洋輔

むらた・ようすけ●1989年11月8日生まれ、兵庫県出身。東京大学卒。2001年、小学生のときにイチローのマリナーズ移籍を契機としてMLBに興味を抱く。16年からMLBライター、現在は日本語公式サイト「MLB.jp」の編集長。MLB中継の解説者としても活躍中。MLBが好き過ぎて選手名鑑を自費出版したことも。スタントンと同じ日に生まれたことがひそかな自慢。

福島良一

ふくしま・よしかず●1956年生まれ、千葉県出身。中央大学商学部卒。小学6年生のときに日米野球を観戦してメジャーリーガーに興味を持つ。73年に初渡米し、以降、毎年のように現地で観戦。メジャーリーグ通として知られた元パ・リーグ広報部長の故・パンチョ伊東氏から薫陶を受ける。専門誌、スポーツ紙などで執筆するほか、MLB中継の解説者としても活躍中。

ロサンゼルス市内では大谷の壁画を急ピッチで制作

現地メディアでは一部に、「秘密主義だ」という批判があった理由は、大物選手の争奪戦もエンターテインメントの一つであるという考え方から。ストーブリーグで大物選手の情報が、これほど漏れなかったことも初めてでしょう。

福島　半世紀以上大リーグを見てきたけれど、ここまではなかったなあ。

村田　大谷選手の代理人はネズ・バレロ氏。大谷選手はキャリアワーストの成績だった[3]2020年のオフに年俸調停権を取得して、そのときにエンゼルスと2年契約を結びました。大谷選手の価値が一番下がっている時期だったのですが、翌2021年は大活躍[4]した。

でも、2年契約で2022年の年俸はあらかじめ固定されていたため、2021年の活躍を反映したものにならなかったんです。そういうこともあって、当時は〝やらかした〟というような評判になっていましたが、今回はバレロ氏自身も代理人人生をかけて全力で動いていたようです。

福島　バレロ氏は、アメリカ人の代理人としては珍しく謙虚な方です。

ケチャップ　へぇーっ。

村田　たとえば、辣腕《らつわん》代理人として名高いスコット・ボラス氏は、もう言いたい放題ですから（笑）。

ケチャップ　そういうタイプは選手側からすると、絶対に仕事をしてくれるところはいいよね。筒香嘉智選手（ジャイアンツ傘下マイナー）はジョエル・ウルフ氏、菊池雄星投手（ブルージェイズ）、藤浪晋太郎投手（オリオールズFA）の代理人もボラス氏でしょう。ボラス氏のような代理人は絶対にマイナーでも何でも、チャンスを取ってきてくれる。

信じそうになった「トロント行き」

村田　それにしても今回は、交渉の内容について詳細な情報が一切出てこなかった。球

3 キャリアワーストの成績だった2020年
投手としては2試合登板にとどまり、打者としては44試合出場、打率1割9分。いずれも日米を通じて自己ワースト

4 翌2021年は大活躍
本格的な二刀流出場を解禁し、投手としては23試合登板9勝、打者としては46本塁打。オールスター投打同時出場、シーズン40本塁打&100奪三振、投打混合5部門で100に到達する「クインティプル100」など次々とMLB史上初の記録を樹立し、満票でリーグMVPを獲得

団とメディアを含め、みんなが協力すれば、情報は漏れないことがわかりましたね（笑）。大谷選手サイドからの要望があったといわれていますが、とはいえ、ここまで情報統制ができることにちょっと驚きました。

ケチャップ　すごいよね。日本でも情報が出てくるチームはあるし、エンゼルスも8月に外野手のランダル・グリチックをはじめ主力級6選手がウェーバー公示されたことが、すぐに漏れていたくらいなのに。

福島　ああ、確かにエンゼルスは情報漏洩[5]がすごかったね。

ケチャップ　今回の交渉で各球団が口をつぐむなか、ドジャースのデーブ・ロバーツ監督だけは「数日前にドジャー・スタジアムでショウヘイと会った」と明かしていたよね。具体的な内容が出たのは、あれが初めてだった。

村田　ロバーツ監督が発言をしたことで、ドジャースのブランドン・ゴームズGMが怒っていましたからね（笑）。あのときくらいに決まったのでしょう。数日後には、ボブ・ナイチンゲール記者（USAトゥデー紙）から、ドジャースが背番号17のジョー・ケリー投手に背番号変更を打診しているという情報が出てきました。

ケチャップ　ロバーツ監督、うれしかったんだろうなあ。

村田　今回、各球団と契約交渉をするなかでも、大谷選手が自ら各球団の本拠地へ行ったという噂がありましたよね。エンゼルスを選んだときも、「直感のようなもの」と言っていたので、その「フィーリング」で決めるにあたって必要な情報を集めに行ったとしても、おかしくはない。

だから、発表前にSNSで広がった「オオタニはトロント行きの飛行機に乗る」という情報を信じる人も多かったのですが、のちに本人はロサンゼルスにいたと明かしています。でも、自ら球団施設を視察して、自分の目で見て感じようとするなんて、大谷選手らしい行動だなと一瞬、信じそうになりました（笑）。

ケチャップ　大谷選手のことだから、街の雰囲気や気候とか、いろんなことも感じようとした……と思っちゃうよね。

今回、現地メディアで情報を正確に伝えていた記者は誰なんだろう？　今回の大谷選手移籍にまつわるX（旧ツイッター）を見たことによって、僕らは信じていい情報を出してくれる記者を見分けていかなきゃ。たとえば、「トロント行きの飛行機に乗っていた」と誤報を書いたのは――。

村田　ジョン・モロシ記者（MLBネットワーク）ですね。

ケチャップ　もう、これでモロシ記者の記事は、信じられないように思えてくる（笑）。

村田　逆に1年前には、ジョン・ヘイマン記者（ニューヨーク・ポスト紙）が「アーロン・ジャッジ[6]がジャイアンツと契約間近だ」と書いて、それを見て慌てたヤンキース関係者がオファーを引き上げたという話がありますよ。

ケチャップ　これも誤報だったんだよね。

SNS主導の報道 信じられる記者は？

ケチャップ　そういえば最近も、マイク・トラウト（エンゼルス）に関してXでガセネタのポストが出ていましたよ。トラウトがドジャースにトレード移籍する、とかいう。

福島　何だろう、あれ。

ケチャップ　ドジャース生え抜きで、昨季に中堅手のレギュラーの座を獲得したジェームズ・アウトマン[7]とかの名前も出していたから、マジかと思ったらガセネタでしたね。

村田　ガセは多いですよね。大手メディアである「FOX Sports」になぞらえて、「FAX Sports」というガセネタアカウントまであるんですよ。

ケチャップ　MLBの場合、情報はSNS発信が多いので、僕らも見分けるのが大変だよね。

5 情報漏洩　昨年8月、移籍が成立するまで公表されないウェーバー公示がメディアに漏れて報道された。ほかにも2017年、大谷のメディカル情報が漏洩してMLBが調査したことも

6 アーロン・ジャッジ　ヤンキースの生え抜きトップスター選手。2017年に初の本塁打王、22年はア・リーグ新記録のシーズン62本塁打で2度目の本塁打王。さらに打点王にも輝き、当時FA&野手史上最高額の大型契約で残留

7 ジェームズ・アウトマン　2018年ドラフト7巡目でドジャース入り。22年にメジャーデビューし、初打席初本塁打。昨季は151試合出場、23本塁打で正中堅手に

大谷争奪戦で有力候補とされた球団

状況	球団名	2023年地区順位	プレーオフ
最終５球団	ロサンゼルス・ドジャース	ナ・リーグ西地区 1位	地区シリーズ敗退
	シカゴ・カブス	ナ・リーグ中地区 2位	—
	トロント・ブルージェイズ	ア・リーグ東地区 3位	ワイルドカード
	ロサンゼルス・エンゼルス	ア・リーグ西地区 4位	—
	サンフランシスコ・ジャイアンツ	ナ・リーグ西地区 4位	—

村田　だけど、あのモロシ記者[8]の件にしても、公に情報を最初に流した人物は確かにモロシ記者ですが、それに乗っかって情報を拡散した人たちがいっぱいいるわけじゃないですか。彼らに責任はないのか、と僕は思うんです。日本のメディアもそうですが、結局、現地取材していないメディアはSNS発信の情報でニュースを書きますから。

でも、情報元が間違っていた場合、ソースの記者のせいにできるからずるいんですよね（笑）。このやり方は、第一次発信の記者さんがかわいそうだとは思います。だから、僕はなるべく複数の記者が同じ情報を発信し始めない限りは、ちょっと様子見かなと意識するようにしています。

僕が見てきたなかでは、ジェフ・パッサン記者（ESPN）、ケン・ローゼンタール記者（スポーツ専門サイト「ジ・アスレチック」）はトップクラスに信用できますよ。

ケチャップ　なぜこんなことが起きるとかといえば、AKI猪瀬さんが言っていましたが、取材者のトップにいた人たちを追いかける「第二世代」のような記者たちが、自分に注目を集めるために〝飛ばし記事〟を書くことが多いのだと。ナイチンゲール記者はガセネタが多いような気がします。少なくとも、僕は疑って見ている。でも、「ナイチンゲール」って名前にだまされそうになる（笑）。

村田　そのナイチンゲール記者の場合は、メインに持ってくるインパクトのある記事に関しては、ガセだったり外したりすることも多いのですが、サイトにはメインテーマの下にさまざまな細かい情報が書いてあるんです。「どのチームが誰々に興味を持っている」「この選手がこういうことを言っている」とか。そこに関してはもう、綿密に取材してありますよ。

ケチャップ　へぇーっ。

村田　メインテーマ以外は、めちゃくちゃ参考になる記事なんです。

福島　ああ、昭和の「大リーグ」という時代に生きた者には、SNSとやらはサッパリわからない。全然話について行けん！

8 モロシ記者の件
モロシ記者は昨年12月8日（日本時間9日）、大谷がチャーター機でカナダ・トロントへ向かっているとし、ブルージェイズ入りの可能性を示唆する内容をXに投稿。大騒動になったが、その飛行機に乗っていた人物はカナダの実業家。のちに同記者はXで誤報を謝罪した

ドジャースを知るためのキーワード①

ドジャー・スタジアム

5万6000人を収容する観客席は各球団の本拠地球場のなかで最大のキャパシティを誇る

1962〜65年にはエンゼルスの本拠地球場としても使用されていた（エンゼルス使用時はチャベス・ラビーン・スタジアム）

1962年にオープンした「ドジャース永遠のホーム」。現在使用されている各球団の本拠地球場のなかでは、1912年開場のフェンウェイ・パーク（レッドソックス）、1914年開場のリグレー・フィールド（カブス）に次いで3番目に長い歴史を持つ。ロサンゼルスのダウンタウンエリアの丘の上に建っており、球場の周囲に広大な駐車場が広がっているのが大きな特徴だ。

近年はドジャースが強力打線を武器に本塁打を量産しているため、それほど目立たないものの、外野やファウルグラウンドが広めであること、ナイトゲームでは気候の影響で打球が飛びにくくなることなどから、基本的にはピッチャーズ・パーク（投手有利の球場）に分類されることが多い。スタットキャストが算出しているパーク・ファクターによると、2021〜23年の3シーズンでドジャー・スタジアムは平均より22％も本塁打が出やすい球場となっている。データ上ではメジャーで2番目に本塁打が出やすい球場だが、得点、安打、二塁打、三塁打などその他の指標は平均を下回っている。また、現在では珍しくなった左右対称の球場でもある。

本塁打は出やすく 三塁打は出にくい

エンゼルスの本拠地エンゼル・スタジアムもパーク・ファクターではドジャー・スタジアムと似たような数値が出ているが、大きく異なるのは三塁打の出やすさ。パーク・ファクターはドジャー・スタジアムが70（平均より30％出にくい）であるのに対し、エンゼル・スタジアムは102（平均より2％出やすい）となっており、直近3シーズンで22本を記録した大谷の三塁打は減る可能性が高い。本塁打のパーク・ファクターはドジャー・スタジアムのほうが高い（エンゼル・スタジアムは112）ため、本塁打は多少増える可能性がある。ドジャースでは過去に達成者が一人もいないシーズン50本塁打も十分に期待できるだろう。

南カリフォルニアの気候により、エンゼル・スタジアムと同様に雨天中止がめったになく、2試合連続の雨天中止は1988年に1度あっただけ（3試合連続中止）。1988年4月11日まで856試合連続雨天中止なしのメジャー記録をつくり、2000年4月17日から2019年10月3日まで1471試合連続雨天中止なしで、さらに記録を塗り替えている。

 文／村田洋輔

移籍の背景

エ軍に「明るい未来」見えず世界一への「最短距離」選択
〝大本命〟ドジャース決定の舞台裏

プロスペクト放出で大谷残留が〝消えた〟

ケチャップ　大谷選手は健康面を考えての決断でもあったかもしれないですね。[1]2018年10月に右肘のトミー・ジョン手術を執刀してくれた医師が、ドジャースのチームドクター。今回の執刀医も同じ方ですよね。僕は東地区でのプレーも見てみたかったけれど、ロサンゼルスから遠い場所には行かないだろうと思っていました。右肘のことがあるから、とくに寒い気候のところはないだろうなと。

　だから、ドジャース以外で最も有力な移籍先は、ロサンゼルスに比較的近いサンフランシスコにあるジャイアンツかなと思ったのですが、ドジャースに決めたということは、体を気軽に診てもらえる場所にいたかったのかな。

福島　やっぱり、エンゼルスはまず勝てないんですよ。トラウトと大谷選手の2人がいて、2人合わせて5度MVPを獲っているにもかかわらず勝てないんだから。今後もしばらく優勝は難しい。

村田　今のエンゼルスは現有戦力もそうですが、将来のこと――マイナーの選手層――を考えても、なかなか厳しい状況です。昨年のトレードデッドライン（トレード期限）で選手を集めるために、残り少なかった[2]プロスペクト（若手有望選手）たちも放出してしまった。

　それで先発右腕の[3]ルーカス・ジオリトを獲得しましたが、移籍後は6試合先発で1勝5敗、防御率6・89。早々とウエーバー公示されてクリーブランド・ガーディアンズへ放出されました。エンゼルスのマイナーはMLBでも最低ランクですし、厳しいですね。

福島　エンゼルスがポストシーズン進出を逃したことによって、このオフに大谷選手が移籍することは、球団のフロントをはじめ選手たちも、みんなわかっていたでしょう。ポストシーズンに出られたら「大谷残留」の可能性はあったけれど、出られなければ100％残留はないというくらいの気持ちで、球団全体が臨んでいたんだから。

村田　大谷選手を引き留めるために、エンゼルスは2024年以降を犠牲にしてでも、2023年シーズンに懸けていた。7月末の時点では、そのために選手を補強していたのですが、結局、[4]そこからの1カ月間でさっぱり勝てなくなってしまった。

　これはオーナーの命令だと思いますが、ぜいたく税を回避するために高額年俸の選手を全部放出し、ギリギリぜい

1　2018年10月に右肘のトミー・ジョン手術を執刀してくれた医師
スポーツ整形外科の名医ニール・エラトロッシュ医師。フランク・ジョーブ博士の弟子。昨年9月にも大谷の同手術を担当。ドジャースのチームドクター

2　プロスペクトたちも放出してしまった
昨夏、左腕カイ・ブッシュ、捕手のエドガー・クエロの若手有望2選手をホワイトソックスへトレード

たく税を回避する結果にはなりました。

9月のベンチ登場は一種の送別会だった

福島　レギュラーシーズンの9月、手術直後の大谷選手が2試合ダグアウトへ来たじゃないですか。あれも、一種の送別会でしょう。

ケチャップ　お別れしてもいいという覚悟があったから、来たのだと思います。当日、僕は現地へ行っていたのですが、あの場に出てきたということは、たぶん移籍するんだろうなと感じました。

手術を受けた直後で、包帯でグルグル巻きの時期ですよ。残留するのであれば、普通は来ないですよね。ましてや、大谷選手は普段の打撃練習にしても、みんなが見ているグラウンドのケージではやらないくらいだから、ああいう姿を見せたくないタイプだと思うんです。

福島　2018年に初めてトミー・ジョン手術を受けたときは、ギプスの状態で公の場には出ませんでしたね。

ケチャップ　でも、今回は肘のギプスを見せざるを得ない状況でもダグアウトに来た。ということは、移籍する覚悟があったからでしょう。ドジャース移籍が決まって、「ああ、やっぱり」「何か残念やな」という気持ちと、「家にあるエンゼルスグッズ、どうしたらいいんだろう」という思いが、ないまぜになっています（笑）。

福島さんとABEMAのMLB中継で実況・解説として一緒に出演しているなかで、普段のレギュラーシーズンでもかなり力が入るのに、ポストシーズンで実況・解説をするときの緊張感はもうハンパないんですよ。普段は担当していないチームのゲームであっても。

そのなかに大谷選手がいると考えたら、今からもうワクワクします。たとえば、昨年WBCのときのような感覚でMLBが見られるのかなって。選手がよく口にする「別物」「ここからがシーズン」という意味がわかるくらい、野球が変わりますから。

福島　大谷選手はWBCで優勝したことで、レギュラーシーズンでは終盤に「ヒリヒリする9月」[5]を戦って、ポストシーズンに進出して、そしてワールドシリーズの大舞台で活躍したいという気持ちが、より一層高まったんじゃないかな。

村田　勝つことの喜びを味わ

昨年9月16日、ケガのため欠場していた大谷（前列右端）がベンチ入り

3 ルーカス・ジオリト
ホワイトソックス時代の2019年にオールスター初出場、翌20年にはノーヒット・ノーランを達成。今季はレッドソックス

4 そこからの1カ月間でさっぱり勝てなくなってしまった
昨年7月末にトレードで補強も、8月は8勝19敗。月間の得失点差マイナス74点は球団ワースト

5 ヒリヒリする9月
2021年9月26日のマリナーズ戦後に行われた記者会見での発言

ったのでしょうね。WBCでは、大本命視されていたアメリカ代表を決勝で倒したというドラマがありました。だから僕は移籍に際して、大本命のドジャースには行かないのではという予想もしていたんです。それこそ、ジャイアンツへ移籍して、ライバルを倒すというストーリーを大谷選手が描いている可能性もあるかなと思って。

福島　ただ、やっぱり彼はね……。

ケチャップ　勝ちたかった。

福島　そう。1度だけではなく、「毎年勝ちたい」という強い気持ちがあるので、最後は11年連続プレーオフ出場という常勝チームを選んだのだと思いますね。

村田　ポストシーズンは短期決戦で運が左右する部分も大きいので、出場できる回数が多ければ多いほうがいい。それを考えると、今のメジャーだったら、アトランタ・ブレーブスかドジャースか、というチョイスになってきます。

ケチャップ　岩手・花巻東高校時代に書いていた「目標設定シート」に、ドジャース入団を目標にしていたというじゃないですか。やっぱり、ドジャースで勝ちたかったのかな。

投打2選手と1年契約 ドジャースの用意周到

村田　ドジャースは、大谷選手獲得を目指して2～3年前から具体的に準備をしていました。その戦略のなかの一人が、昨年1年契約でDHとして活躍したJ・D・マルティ[6]ネス。彼はFAになっていますが、大谷選手を獲得した今、彼との再契約はなくなりましたね。

ケチャップ　それこそ、エンゼルスが獲得すればいいんじゃないですか（笑）。

福島　それが一番ですが、どうなることやら……。とにかく球界でも有数のパワーヒッターで、ドジャースでは30本塁打、100打点以上と大活躍しましたよね。ド球団史上初となる「100打点カルテット」の一人でした。

ケチャップ　ドジャースとしては昨年、マルティネスと先発右腕ノア・シンダーガードを獲得した。どちらも1年契約だから、今年はこの2人のところに二刀流の大谷選手が入るという計算で待っていた。ただ、大谷選手が右肘をケガしたから、シンダーガードの穴が埋まらなかった。でも、もうドジャースとしては思惑通りだよね。

村田　マルティネスは、ボストン・レッドソックスから1年契約でドジャースへ移籍して活躍した。しっかり市場価値を上げてFAになっているので、双方によかったと思います。ドジャースとして一つの誤算は、大谷選手が右肘の手術の影響で今年は投げられないことだけです。

　大谷選手もこれまではツーウェイの準備でハードワークしていたところがありましたが、今後はほどよく休養を挟んでいくプレースタイルになる可能性はあります。エンゼルスの場合は、彼がプレーしないと勝てないという状況だったので、無理をせざるを得ない部分もあったから。

ケチャップ　休養かあ。僕たちの仕事としては、実況・解説で「よっしゃあ、やるぞ！」と思った日に大谷選手が出場しなかったら——もう、ガックリきて「はあ～」ってなるんですよ。

福島　でも、たとえ大谷選手が出場しなくても、ドジャースは魅力いっぱいのスター軍団だし、見どころがたくさんありますよ。

ケチャップ　じゃあ、魅力的じゃないチームは？

福島　まあ、あえて言うとエンゼルスがなあ。トラウトや、“360億円男”[7]アンソニー・レンドンもケガで戦線離脱し、さらに大谷選手が出ないときは、メジャー経験が浅い若手やルーキーがほとんど。彼らも将来楽しみな選手たちですが、ドジャースと比較すれば、大人と子どもといった

6 J・D・マルティネス
DHと外野手でシルバースラッガー賞を3度、最も優れた打者に贈られるハンク・アーロン賞1度受賞、オールスター6度選出

7 アンソニー・レンドン
ナショナルズ時代の2019年に打点王。同オフに大型契約でエンゼルスへ移籍したが、以降は故障が多く離脱を繰り返していた

8 チーム再建中のアスレチックス
2018年から3年連続でポストシーズン進出も、その後は主力を放出したことで、昨季は2年連続となるシーズン100敗以上の地区最下位

大谷在籍時のエンゼルス成績

年	地区順位	勝敗	プレーオフ	状況
2018	4	80勝 82敗	—	開幕当初は好調も、プホルスをはじめ故障者続きで上位浮上ならず。長年指揮を執ったソーシア監督勇退。大谷は新人王獲得
2019	4	72勝 90敗	—	大型契約を結んだトラウトが3度目のシーズンMVP獲得も、投手陣総崩れで20年ぶり90敗を喫し、オースマス監督が解任された
2020	4	26勝 34敗	—	マドン監督就任。新型コロナウイルス感染拡大の影響で7月24日開幕。就任5年目のエプラーGMが解雇された
2021	4	77勝 85敗	—	ミナシアンGM就任も、投打ともに苦戦。大谷が初のシーズンMVPを満票で獲得したが、チームは7年連続でポストシーズン進出ならず
2022	3	73勝 89敗	—	開幕当初は好調も、5〜6月に主力が次々故障、不振に陥り14連敗。シーズン途中にマドン監督解任、ネビン監督代行
2023	4	73勝 89敗	— （9年連続出場なしはMLBワーストタイ）	ポストシーズン進出を狙うも、9月16日に8年連続負け越し決定でポストシーズン消滅。ネビン監督退任、今季からワシントン監督就任

感じです。残念ながら、大谷選手を刺激するほどの選手は少なかった。

ケチャップ　バッサリ斬り[8]ましたね（笑）。確かに、チーム再建中のアスレチックスに近い状態になっています。

福島　エンゼルスの昨季終盤は本当にそうでした。だって、新人だらけでしたから。レンドンは、ワシントン・ナショナルズ時代はすごかったんだけどなあ。

ケチャップ　話題がお金の話だけになっていって、チームづくりがビジネスになっちゃっていますもんね。GMの立場としては〝やってる感〟を出すために、大物選手を獲りたがることもあるんじゃないですか。「俺は仕事しているぞ、こんな選手を獲ってくることができるぞ」というところを見せたかったとか。

村田　2019年シーズン後のオフは、先発右腕ゲリット・コール[9]（ヤンキース）、レンドン、故障は多いけれど同年ワールドシリーズでナショナルズが球団初の世界一に輝く原動力となったスティーブン・ストラスバーグ[10]がマーケットのビッグ3だったんです。エンゼルスも当時はエース級の投手がいなかったので、コールが欲しかった。

　でも、ヤンキースとの争奪戦に負けて、コールに使うはずだった予算を誰に充てようかとなったときに、レンドン、ストラスバーグのうちから選んだのがレンドンだった。

ケチャップ　でも、2人とも[11]故障したんだよね。

村田　だから、どちらを獲得しても結果的に地獄だったという。大きなお金を使えるタイミングで、たまたまFA市場にいたビッグ3がその3人だった。タイミングが悪かったですね。

ケチャップ　ストーブリーグにもドラマがあるよね。

9 ゲリット・コール
現役最強右腕と名高い先発投手。2019、21年奪三振王2度。昨季は2年連続でリーグ最多33試合に登板。最優秀防御率、最高勝率をマークし、初のサイ・ヤング賞

10 スティーブン・ストラスバーグ
ナショナルズで2019年に最多勝を獲得した先発右腕。同年はワールドシリーズMVPに輝いた

11 2人とも故障
レンドンは腰、手首、膝と毎年のように負傷。ストラスバーグは2019年オフにナショナルズと大型契約を結んだが、以降は神経障害に悩まされ、昨年8月に現役引退

ドジャースを知るためのキーワード2

オーナーとフロント

ド軍の安定した強さを支えているのがオーナーグループの資金力と優秀なフロント陣だ

大谷の記者会見で顔を揃えたオーナーとフロント陣。左からブランドン・ゴームスＧＭ、デーブ・ロバーツ監督、マーク・ウォルター筆頭オーナー、大谷翔平、スタン・カステン球団社長、アンドリュー・フリードマン編成本部長

大谷翔平の10年契約に盛り込まれた「キーマン条項」（特定の人物が球団を離れた場合にオプトアウト権が発生する）において、アンドリュー・フリードマン編成本部長とともに対象人物となったのが、ドジャースの筆頭オーナーであり、サッカー「プレミアリーグ」のチェルシーの共同オーナーとしても知られるマーク・ウォルターだ。運用資産３０００億ドルを超える資産運用会社グッゲンハイム・パートナーズのＣＥＯを務めており、２０１２年５月、スタン・カステンやマジック・ジョンソンを含むウォルターの投資グループが22億ドルでドジャースを買収した。

　ドジャースはウォルターによる球団買収以前からＭＬＢを代表する人気球団の一つであり、毎年のようにペイロール（チーム総年俸）・ランキングで上位に名を連ねていた。しかし、ウォルターによる球団買収後、さらにペイロールが増額され、２０１２年から２０１３年にかけて倍増。ドジャースは２０１３年から11年連続でポストシーズンに進出しているが、その安定した強さを支えているのがウォルターを筆頭とするオーナーグループの資金力だ。チーム強化のためならぜいたく税のペナルティを受けることも厭《いと》わず、積極的かつ計算され尽くした投資でドジャースの強さを支えている。

ブレーブス14季連続地区優勝時の球団社長

　大谷が「とくに感謝している５人」としてフリードマンやウォルターとともに名前を挙げたカステン球団社長も投資グループの一員であり、ドジャースの買収が完了するとカステンは球団社長に就任した。カステンはアトランタプロスポーツ界で長く活躍した人物であり、１９７９年に27歳の若さでＮＢＡアトランタ・ホークスのＧＭに就任。１９８６年には社長となったが、１９９０年までＧＭを兼任し、１９８６～87年には２年連続でＮＢＡの最優秀エグゼクティブに選ばれた。また、１９８６年にはブレーブスの球団社長にも就任。カステンの在任中、ブレーブスは１９９１～２００５年に14季連続地区優勝（ストライキの１９９４年は除く）という大記録を打ち立てた。その後、ブレーブスを離れて２００６～10年にはナショナルズの球団社長を務め、２０１２年にウォルターの投資グループに加わった。

　同じく「とくに感謝している５人」の一人として名前が挙がったブランドン・ゴームスＧＭは通算１７３試合に登板した元投手。２０１６年途中に引退してドジャースのフロントオフィスに加わり、順調にステップアップして２０２２年からＧＭを務めている。平均的なメジャーリーガーとしてトレードや戦力外などさまざまな経験をしたことでフロントオフィスの仕事に興味を持ったという変わり種でもある。

文／村田洋輔

史上最高額契約

大谷の提案で97%が2034年以降の〝後払い〟
世界が驚愕「1015億円」の真相

「ほぼオプトアウトなし」事実上の終身契約

福島　10年総額7億ドル（約1015億円）とは想像もしていなかったなあ。最初は5億ドル（約725億円）といわれていたし、その後6億ドル（約870億円）、あるいはそれに近い金額になるかとみていたのですが。一方で、今年は右肘の故障によって打者に専念することで、多少下がるだろうという見方もあった。だから、7億という数字にはびっくりしましたよ。

ケチャップ　物価の高騰に伴って金額が上がったという面もあるのかな。

村田　現地のメディアが冷静に書いている記事を読むと、7億ドルはどちらかといえば、インパクト先行の数字で、契約の実態を表しているものではないという論調も増えています。大谷選手の場合、契約総額の約97%にあたる6億8000万ドル（約986億円）は2034〜2043年の後払いという条件です。

ぜいたく税の計算上、大谷選手の年俸は1年あたり4600万ドル（約67億円）となり、実態は「10年4億6000万ドル（約670億円）」。それに、後払いや利子などを積み上げていくと、大谷選手が受け取る総額は7億ドルになる。つまり、20年間の総額なんです。

だから、「10年7億ドル」が契約の実態を正確に表しているかどうかといえば、ちょっとクエスチョンマーク。大谷選手は最高の選手であるからインパクトが必要だということで、報道が先行している感もありますが、その4億6000万ドル自体もMLB史上では、年平均でも契約総額でも最高額。7億ドルのインパクト、そしてそれを抜きにしても最高額になることをしっかり両立させるところは上手だなと思いました。

ケチャップ　選手から契約を破棄することができないオプション「オプトアウト」も、球団幹部2人が辞任した場合のみ行使できることになっている。彼の覚悟でしょう。

村田　僕はオプトアウトがつく可能性も考えていましたが、2025年にツーウェイ、つまり二刀流に復帰してバリバリやれることを証明してから、もう1回マーケットに出るという選択もあるなかで、「ほぼオプトアウトなし」は、「この球団で本気でやります」という気持ちの表れ。これは事実上の終身契約です。

福島　そういえば1980年代に、ブレーブスの抑え役ブルース・スーターやロイヤルズ主力3選手のライフタイ

ドジャース入りを決めた直後の昨年12月21日、大谷（中央）はNFLを観戦

ム・コントラクト、いわゆる〝終身契約〟が話題になったこともありました。

村田　最近はスター選手の終身契約が増えていて、40代まで突入するような契約も多いのですが、大谷選手の場合は39歳になるシーズンの10年契約で止めている。おそらく、自分がバリバリやれるところまで、という時期を考えているのかもしれない。

　ぜいたく税の計算上である年俸4600万ドルは、2022年に62本塁打で2度目の本塁打王に輝いたジャッジ（ヤンキース）の年俸4000万ドル（約58億円）より少し高いだけ。大谷選手がMLB最強のDHとしてバリバリ打ち続ける限り、〝不良債権〟のような扱いはされない。

　仮に投手として再起できなかったとしても、大きな痛手にはならない内容になっているんです。ツーウェイのどちらかができなくなった場合のリスクもヘッジした、うまい契約になっているなと感じました。

　大谷選手自ら後払いを提案して、ペイロール[1]の余裕をつくった理由は、今オフでいえば、ドジャースの弱点である先発投手の獲得にしっかりお金を使ってもらうためですし。

契約総額はアナグラムだった？

福島　最初に「10年7億ドル」の数字を見たときは驚いたんですよ。まさしく大谷の背番号ですから。さすがドジャースも考えてきたなと思いましたよ。

ケチャップ　10年7億と、背番号17でかけているということですか？　10年7億だと「107」じゃないですか。本当かなあ（笑）。アメリカの人が、アナグラムでゲン担ぎをするなんて（笑）。

福島　これがアメリカ人は数字を結構気にするんですよ。レッドソックスに松坂大輔選手がポスティング・システム（入札制度）で移籍した入札

1　ペイロール
Payroll。会社などにおける給与の意。MLBではチームの選手総年俸を指す

金「511（約5111万ドル＝当時約60億円）」は、サイ・ヤングのメジャー歴代最多となる通算勝利数（511勝）だし、レンジャーズにダルビッシュ有投手が入ったときも、入札金が5170万3411ドル（約75億円）。この金額の下4桁は、メジャー史上最多の5714奪三振を記録したノーラン・ライアン（当時レンジャーズ球団社長）の永久欠番「34」と、ダルビッシュ投手が日本ハム時代につけていた背番号「11」を組み合わせたものなんです。

　大谷選手の7億ドルの「7」は、ドジャースのワールドチャンピオンの回数でもある。そのあたりのこだわりって、アメリカはすごいですよ。

ケチャップ　へえー、そうなんですね。

福島　今回もブルージェイズがなぜ「6億ドル（約870億円）」という数字を出してきたかというと、トロントという街は、かつて6つの自治区に分かれていたことから、通称「The 6ix」と呼ばれている。要するに「6」は、トロントを象徴する数字なんです。メジャーリーグ、そして各球団とも、数字へのこだわりがすごいんですよ。

ケチャップ　大谷選手の背番号は、エンゼルス時代もつけていた「17」に決まりました。それをつけていた右腕ジョー・ケリーが背番号99に変更した。ケリーはラジオ番組で、同じ「17番」をシェアして登録名を「ジョーヘイ」にしよう、と言っていましたね。「ジョー」と「翔平」を合体させた「ジョーヘイ」（笑）。

大谷のエ軍グッズは将来プレミア化する？

福島　大谷選手は年俸以外にも、スポンサー契約などで収入が5000万ドル（約72億5000万円）もあるといわれています。

村田　「約97％が後払い」という契約は、年俸以外の大きな収入がある大谷選手だからこそ、成立した条件ですね。

ケチャップ　球団としては、日本企業による広告収入も考えているでしょうね。エンゼルスでも、エンゼル・スタジアムで猫用食品「Churu（日本名はCIAOちゅ〜る）」の広告がかなり高い頻度で表示されていましたし、昨季はベンチにポカリスエットが設置されていました。そういう日本企業も、今季からみんなドジャースへ行くんじゃないですか。

　そう考えたら、年俸以外の収入は年間100億円までいっちゃうかも。だから、契約期間内の年俸が低くても、大谷選手にとって痛手にはならない。

村田　大谷選手があのような規模の後払いでいい、というのであれば、もっといろんなチームが争奪戦に参加してもよかったかなという気はしますね。

ケチャップ　そう。野球の伝え方はパフォーマンス以外に、いろんなものに価値を生んでいくから、「大谷翔平」というブランド力で考えたら、年俸100億円でも安いかもしれない。大谷選手の獲得については、ドジャースが一番本気だったんでしょうね。

　ドジャースのユニホームは早速売り切れになっていましたが、エンゼルスのユニホームは半額セールになっているそうです。でも、大谷選手のエンゼルスグッズは大事にとっておいたほうがいいね。20年くらいしたらプレミアがつくかもしれないから（笑）。僕は60歳を過ぎてから、着て歩こうかな。

村田　これからの子どもたちには、エンゼルス時代を知らない世代も出てくる可能性がありますから、いつか「実は、大谷選手はエンゼルスのときはね……」なんて話ができるかもしれませんね。

　それこそ、大谷ファンがエンゼルスで衰えてからのアルバート・プホルス[2]しか知らなかったように、たとえば将来、佐々木朗希選手（千葉ロッテマリーンズ）をきっかけにし

2 アルバート・プホルス
エンゼルス、カージナルスなどで史上4位の通算703本塁打、MVP3度、オールスター11度選出の名選手。新人時代の大谷がその打撃を参考にしたとされる。2022年引退

MLB大型契約の歴代TOP5

順位	選手名	球団	位置	契約内容／契約シーズン（日本円）
1	大谷翔平	ドジャース	投手/DH	10年7億ドル／2024年（約1015億円）
2	マイク・トラウト	エンゼルス	外野手	12年4億2650万ドル／2019年（約618億円）
3	ムーキー・ベッツ	ドジャース	内/外	12年3億6500万ドル／2020年（約530億円）
4	アーロン・ジャッジ	ヤンキース	外野手	9年3億6000万ドル／2023年（約522億円）
5	マニー・マチャド	パドレス	内野手	11年3億5000万ドル／2023年（約507億円）

※1ドル=145円換算

てＭＬＢに興味を持った人たちは、現役最晩年の大谷選手しか知らない可能性もあるわけですから。

現役最終年はエンゼルス復帰か

ケチャップ　今回、大谷選手は「野球人生最後の日まで、ドジャースのためだけでなく野球界のために努力をし続けたいと思います」とコメントしました。だから、僕は「あ、これでもう日本には帰ってこないんだ」と思いましたよ。

現役最後の1年くらいは日本に帰ってきて、古巣の日本ハムかどこかでやってくれたらなあと願っていたけれど、もう日本の球団で現役としてプレーすることはないってことですね。

福島　これからドジャースでも活躍するだろうから、ドジャースとエンゼルス両球団の永久欠番になって、銅像も立つでしょう。そして、最後の所属チームはやっぱりエンゼルスですよ。最後の1年だけ

夫ケリー投手（中央左）が背番号17を大谷へ譲り、大谷からポルシェを贈られた妻アシュリーさん（中央右）

かもしれないけど。

ケチャップ　ええ！　大谷選手は〝生涯ドジャース〟みたいなコメントだったじゃないですか。

福島　２０１２年に松井秀喜さんが現役を引退したとき、翌２０１３年にヤンキースと１日契約[3]をして引退セレモニーに臨んだことがありましたよね。そんな感じかもしれません。現役の最後はエンゼルスに帰ってくると思うなあ。野球のゲームと同じように、偉大な選手たちも最後は〝ホーム〟に生還する喜びがありますから。

村田　１日契約のパターンは結構多いですね。単なる引退セレモニーというよりも、そのチームの一員として引退してもらうために、という考え方です。大谷選手の師匠的存在であるプホルスも、現役最終年はセントルイス・カージナルスに帰りました。

　また、イチローさんも２００１年にメジャー移籍したときはシアトル・マリナーズから始まり、２０１２年途中からヤンキース、２０１５年からマイアミ・マーリンズへ移りましたが、最後の２年間はマリナーズでプレーしました。

　さらに、現役最終年の２０１９年シーズン開幕戦は日本で行われ、オークランド・アスレチックスとのカードで東京ドーム開催でした。この２連戦のあと、イチローさんは現役引退を発表しましたよね。

ケチャップ　母国である日本、それも東京ドーム。全部ストーリーができていたもんなあ。そのあたり、ＭＬＢはおしゃれだよねえ。

村田　大谷選手も10年契約をまっとうしたあとに、「もう１シーズンやる」と言って、エンゼルスに行く可能性もあるでしょうし。もしくは、契約最終年に活躍できない状況になったとしたら、ドジャースがシーズン途中でリリースしたところをエンゼルスが手を挙げるとか、いろんなパターンは考えられます。

3　１日契約
球団に貢献した選手に敬意を表し、引退セレモニーのために行う１日だけの契約。原点となった古巣チームで行われるのが通例

ぜいたく税

戦力均衡のため導入された特別税。大谷の「後払い」には、この制度が大きく関係している

ぜいたく税とは簡単にいえば、「戦力均衡を実現するためにペイロールが多すぎるチームにはペナルティーを科しますよ」という制度のこと。ぜいたく税というのは通称であり、MLB公式サイトでは「戦力均衡税」（Competitive Balance Tax）という名称で紹介されている。

現行の労使協定では4つの基準額が設定されており、2024年シーズンは2億3700万ドルから始まり、2億5700万ドル、2億7700万ドル、2億9700万ドルと設定されている。文字数の都合上、税率の詳細については割愛させていただくが、4つの基準額を超過するたび、なおかつ複数のシーズンで連続して基準額を超過するたびに、税率やドラフト指名権に関するペナルティーが重くなる仕組みとなっている。

大谷の大規模な後払いはペイロールに柔軟性を持たせ、ぜいたく税のペナルティを軽減することが目的であるといわれているが、ぜいたく税と後払いはどのように関係しているのだろうか。

大谷の年平均の年俸は4600万ドル換算

重要なのは、ぜいたく税の対象となるペイロールは「その年に選手が受け取った年俸の総額」ではなく、「年平均額を合計したもの」であるということだ。たとえば、2年3000万ドルの契約を結んでいる選手がいる場合、仮に1年目に1000万ドル、2年目に2000万ドルを受け取っていたとしても、2年間の平均は1500万ドルのため、ぜいたく税の計算上は2年とも1500万ドルでカウントされる。

つまり、10年7億ドルで契約した大谷の場合、年平均は7000万ドルのため、本来ならぜいたく税の計算上は7000万ドルでカウントされることになる。ただし、後払いの場合は、実際に支払われるまでの金利を考慮し、その分を割り引いた「現在価値」でカウントすることがルールで定められている。大谷の10年7億ドルは現在価値では4億6000万ドルとなり、大谷は今後10年間、ぜいたく税の計算上は年俸4600万ドルの選手として扱われることになっている。

ぜいたく税には基準額がある以上、大谷の年平均額が7000万ドルから4600万ドルに減額されることはドジャースにとって大きなメリットをもたらす。大谷が後払いに応じたことで、ドジャースのペイロールには1年あたり2400万ドルの余裕が生まれた。大谷が10年契約の期間中に毎年7000万ドルを受け取る場合と比較して、ドジャースには年俸2400万ドルの選手を1人獲得できる余裕ができたというわけだ。

2023年開幕時のチーム総年俸ランキング

1位	メッツ	3億5354万ドル	約524億円
2位	ヤンキース	2億7699万ドル	約411億円
3位	パドレス	2億4899万ドル	約369億円
4位	フィリーズ	2億4300万ドル	約360億円
5位	ドジャース	2億2271万ドル	約330億円
6位	エンゼルス	2億1222万ドル	約317億円
7位	ブルージェイズ	2億993万ドル	約311億円
8位	ブレーブス	2億307万ドル	約301億円
9位	レンジャーズ	1億9586万ドル	約290億円
10位	アストロズ	1億9266万ドル	約286億円

※USA TODAY Sports調べ。下４桁は省略、１ドル＝148円換算

文／村田洋輔

ドジャース解剖

リーグ最多の24度優勝、ワールドシリーズ7度制覇
「多様性」と「革新性」の常勝軍団

人種・国籍を問わず世界中から優秀な人材

福島　ドジャースには、脈々と「勝利の伝統」が息づいています。1890年にナ・リーグに加盟し、1958年にニューヨークのブルックリンから、西海岸のロサンゼルスへ本拠地を移転した老舗球団。これまでリーグ最多24度の優勝、ワールドシリーズ7度制覇の実績があります。

　特徴の一つは、国際的なチームであること。いち早く国際化を目指し、とにかく世界中から人種・国籍を問わず優秀な人材を集めてきている。これもドジャースの伝統ですね。1947年には、20世紀初のアフリカ系選手としてジャッキー・ロビンソン[1]がデビューを果たしました。さらに、1980年代にいち早く中南米を開拓し、ドミニカ共和国を中心にラテン系の選手をどんどん獲得していったのです。

　その後1990年代以降になると、今度はアジアに進出し、1994年にメジャー史上初の韓国人選手として朴《パク》賛浩《チャンホ》と契約。翌1995年にはメジャー史上2人目の日本人選手として野茂英雄を獲得して大旋風を巻き起こしました。2002年には台湾初の大リーガー・陳金鋒《チェンジンファン》も輩出しています。

ケチャップ　わあ、この座談会で話しているだけでめっちゃ勉強になる。知らない歴史も教えてくれるもんね。

村田　現役時代はドジャースで野茂氏とバッテリーを組んだマイク・ピアザ[2]もイタリア系で、WBCではイタリア代表監督を務めています。

福島　一方で、有色人種をなかなか獲得しない球団もあります。メジャーでアフリカ系選手の登用が一番遅かったレッドソックスなどですね。ドジャースも1シーズン、アフリカ系の選手がいない時期がありましたが、指揮を執って9年目になるロバーツ監督は沖縄生まれの日系アメリカ人だけど、お父さんがアフリカ系アメリカ人なんだよね。

ケチャップ　アトランタ（ブレーブス）、タンパベイ（レイズ）、ヒューストン（アストロズ）……南に行くほどカリブ海のキューバ、ドミニカ共和国出身の選手をよく使っているイメージがあるなあ。

　2022年のレイズはもう、スタメン全員の国籍がそれぞれ違うくらいの勢いだったからね。

村田　2022年9月15日のロベルト・クレメンテ[3]・デーでは、スタメン9人全員がラテン系の選手でしたね。メジャー史上初の試みでした。

1 ジャッキー・ロビンソン
1947年から10年間ドジャースでプレー。人種差別と闘いながら、1年目に新人王&盗塁王、49年首位打者&盗塁王獲得でMVP。背番号「42」は全30球団で永久欠番であり、NPB入りした外国人選手は「42」を選ぶことがある

2 マイク・ピアザ
野茂英雄が1995年にドジャースへ移籍した時期にバッテリーを組んだ。捕手として史上最多の396本塁打

MLB最多の新人王 強力な若手育成術

福島 ドジャースは11年連続でポストシーズンに進出しています。その強さの源は、大きく分けて2つあります。

1つめは、球団主要ポストの人事異動が少ないこと。オーナーやGMもそうですし、監督でも、ウォルター・オルストン（1954～1976年）、トム・ラソーダ（1976～1996年）の両氏だけで合計44年間も指揮を執りました。大谷選手はオーナーと編成本部長のいずれかが交代したときは契約破棄できる「キーマン条項」を含めたそうですが、ドジャースだからこそ可能な条件だったのかもしれません。

2つめは長い歴史と伝統によって、昔から優秀なファーム組織があること。過去メジャー最多18人もの新人王を輩出しているんですよ。主力選手が故障しても、すぐに選手を補充できる。若手選手の育成が大きなバックボーンになっています。

フリーエージェント（FA）制度ができた1976年以降、最初のうちはFAによる獲得はうまくいかなかったけれど、それでも若手を育成して、足りないところをFAやトレードで補充することが、長年にわたるドジャースのチームづくりです。

そして、ラソーダ元監督の名言「私の体にはドジャーブルーの血が流れている」。情熱あふれる球団愛が強いチームでもあります。

ケチャップ 他球団から獲得した選手がコケない印象があるよね。レッドソックス時代の2018年に首位打者とMVPを獲得したムーキー・ベッツにしても、ブレーブス時代の2020年にMVPを獲得した超一流の左打者フレディ・フリーマンにしても。

村田 元金融マンのアンドリュー・フリードマン編成本部長はリスクの高い契約はしないですよね。ただ、昨季加入した先発右腕シンダーガードは失敗しましたけどね（笑）。12試合先発で1勝4敗、防御率は7・16でしたから。

ケチャップ フリードマン編成本部長は、あのレイズ出身ですから。

村田 そう、レイズは貧乏球団なのに、安定してポストシーズンに進む。お金がないレイズのフロントがやっている手法を、お金持ちがやっているのが今のドジャース。強くて当然なんですよ。

弱点の先発陣より 打線の破壊力で勝負

ケチャップ ドジャースの強

1995年オールスターに日本人選手として初出場した野茂

3 ロベルト・クレメンテ・デー
毎年9月に行われる、プエルトリコ出身で、通算3000安打を放ったロベルト・クレメンテの功績を称える記念セレモニー。同氏にちなんだ演出がなされる化ポイントは先発投手といわれているけれど、近年のMLBの野球は野手を固めたほうが強くなるよね。2022年にワールドシリーズを制したアストロズ方式で。

　たとえば昨年、MLB最多タイのチーム307本塁打のブレーブスも、「40本塁打・70盗塁」を達成したロナルド・アクーニャJr.[4]、同年に本塁打王&打点王を獲得したマット・オルソン[5]とかの名前はすぐ言えるけれど、「投手の名前を挙げてみて」となると、なかなか出てこない。昨季リーグトップの101勝でチームの再建に成功したボルチモア・オリオールズもそうでしょう。野手を固めて投手はもう外部から連れてくる、みたいな。今はそういう野球ですよね。

村田　そうそう。投手先行型というか、投手のプロスペクトを揃えたタイプのチーム再建は、あまりうまくいってないんですよ。

ケチャップ　マリナーズもいい投手が揃っているけれど、野手のレギュラー陣が勝負弱いから、勝ちきれないですもんね。

村田　2016年にワールドシリーズを制した当時のカブスも、野手先行のチームでした。その年のシーズンMVPを獲得したクリス・ブライアント、のちの2018年打点王、2020年ゴールドグラブ賞（遊撃手）のハビアー・バエズ、一塁手で2014〜2016年オールスター3度選出のアンソニー・リゾ、2016年ワールドシリーズでは打率4割超で優勝に貢献したカイル・シュワーバー。

ケチャップ　ヤンキースも今年に向けた補強は、レッドソックスで不動の1番打者だったアレックス・バードゥーゴ、25歳にしてシルバースラッガー賞4度のフアン・ソトを獲得したし、野手を固めているなという印象がありました。

村田　投手は数年に一度のスパンで故障するので、仮にいい投手を全員集めたとしても、その全員が同じシーズンに大活躍する確率はかなり低い。

ケチャップ　サンディエゴ・パドレスはずっと投手を集めているよね。でも、勝ちきれていない。

福島　昨季はちょっとね、ケガ人だらけで。サイ・ヤング賞3度で通算210勝の左腕クレイトン・カーショウも、11月に左肩の手術を受けてFAになった。本人は、今夏には復帰したいと言っているけれど……。

　でも、もともとドジャースは投手王国なんですよ。本拠地球場が投手有利ですから、伝統的に投手中心のチームづくりをしてきました。若手がどんどん育つ球団なので、投手にしても他球団に比べるとそんなに心配はないかな。

村田　あとはレイズもやっているように、ほかのチームでなかなか活躍できなかった選手を再生させて、大きな戦力にしたり。

ケチャップ　筒香選手がピッツバーグ・パイレーツで結果を残したことがありましたが、あれは〝ドジャース・イズム〟ですよね。2021年は5月にレイズで40人枠[6]から外れて、ドジャースへ移籍。脚を痛めて、夏にはパイレーツへ移りましたが、加入後13試合で5本塁打を打ちました。

福島　ドジャースなら、投手は何だかんだ言って、有望な選手が出てきますよ。

ケチャップ　打ってくれると、投手は楽に投げられますからね。ショートイニングの継投でいけるし。今はもう力と力の対決だから、長いイニングを投げなくても先発が4回くらい投げれば、あとはボールに力のある投手でつないでいけば、試合を落とさない。

村田　とはいえ、10年以上続いている黄金期のなかで見れば、現時点（昨年12月28日）では今年の先発ローテーション予想メンバーは、ちょっと心配ではあります。その戦力補強をするために、大谷選手が大規模な後払いを提案して

4 ロナルド・アクーニャJr.
強打・俊足のトップスター。昨季は41本塁打、73盗塁で盗塁王とMVP

5 マット・オルソン
昨季は本塁打、打点ともに球団記録を更新する54本塁打、139打点の強打者

6 40人枠
一軍支配下登録選手枠。うち26人の「アクティブ・ロースター」は開幕から8月31日までベンチ入りが可能

2023年ナ・リーグ西地区勝敗表

順位	チーム	試合数	勝	敗	分	勝率	ゲーム差
1位	ドジャース	162	100	62	0	.617	―
2位	ダイヤモンドバックス	162	84	78	0	.519	16.0
3位	パドレス	162	82	80	0	.506	18.0
4位	ジャイアンツ	162	79	83	0	.488	21.0
5位	ロッキーズ	162	59	103	0	.364	41.0

※ドジャースの投打主要部門のチーム成績＝得点①906、失点④699、打率本塁打①249、盗塁③105、防御率③4.06、失策③76。○数字は地区の各部門ランキング

くれたわけですが。

福島　当然、強力な投手1～2人は必ず獲得しますよ。昨年レイズで10勝を挙げた先発右腕タイラー・グラスノー[7]は残留希望だったけれど、大谷選手のドジャース入りで心が動いて、交換トレードでドジャースへ移籍してきましたし。

村田　このオフはトレード市場に、エース級の投手が数多くいますからね。シカゴ・ホワイトソックスのディラン・シース、ミルウォーキー・ブルワーズのコービン・バーンズ、このあたりの名前は出ています。

懸念材料は生え抜きのスター候補不在

ケチャップ　でも、ドジャースも若手が出てくる出てくると言われるけれど、伸び悩んでいる部分はちょっとあるかなあ。

村田　近年は、スーパースターになるような生え抜きの選手はなかなか出てきていない。

ケチャップ　たとえば外野では、右翼手でゴールドグラブ賞を通算5度受賞したジェイソン・ヘイワード[8]を昨年カブスから獲得して、彼に頼っているという不安材料はありますよ。

村田　生え抜きだと、正遊撃手として期待されたギャビン・ラックスは、昨年2月に右膝の靭帯を断裂してシーズンを全休してしまった。中堅手のアウトマンも出てきたけれど、トップ・プロスペクト[9]として注目されていた選手かというと、そうじゃないですからね。

ケチャップ　33歳のマックス・マンシーとかが、まだ頑張っているんだもんなあ。左翼手のクリス・テイラーも33歳です。主力選手はみんな、ベテランになってきているんですよ。

村田　一般的に紹介される主力選手はベッツ、フリーマン、マンシー、4番で捕手のウィル・スミス、これくらいまでですよね。

ケチャップ　まだ先の話だけど、2025年に大谷選手が投手として投げられるようになったとき、スミスとのバッテリーがどうかですよね。

村田　通算210勝左腕のカーショウ（ドジャースFA）はスミスではなく、キャッチングが上手なオースティン・バーンズとバッテリーを組んでいました。

福島　しかし、いまやスミスは球界屈指の捕手。カーショーも「球界最高の一人」と絶賛し、好んでバッテリーを組むようになりました。

村田　プロスペクトにはディエゴ・カルタヤという強打の捕手がいますよ。でも、スミスががっちり正捕手でいて、大谷選手がDHの枠を埋めてしまうと、カルタヤが捕手としてメジャーでレギュラーになることは難しい。ひょっとしたら、このオフにエース級の投手とトレードするという可能性もあると思います。

7 タイラー・グラスノー
身長203センチの大型右腕。昨季はレイズで21試合登板10勝7敗、防御率3・53

8 ジェイソン・ヘイワード
昨季は主に右腕投手用として起用され、2022年カブス時代の不振から復活

9 トップ・プロスペクト
メジャーの試合にはほとんど出場していない若手有望株（プロスペクト）のなかでも、超有望選手

ドジャースを知るためのキーワード④

ファーム組織

ドジャースの「常勝」を支える最大のポイントは、MLB有数の充実したファーム組織

MLBでも有数の充実したファーム組織として高く評価されているドジャースだが、その歴史は1940年代までさかのぼる。1942年シーズン終了後、当時GMを務めていたラリー・マクフェイルが第二次世界大戦に徴兵され、ドジャースは後任としてカージナルスからブランチ・リッキーを招いた。

リッキーは初めて本格的なファーム組織を整備した人物として知られており、カージナルスはファーム組織からスタン・ミュージアルやイノス・スローターといった名選手を輩出。カージナルスの成功を見た他球団も追従し、現在のようなファーム組織が形成される起点となった。

ドジャース移籍後のリッキーは、1945年にジャッキー・ロビンソンとマイナー契約を結ぶなど、傘下のマイナー・チームに積極的にアフリカ系選手を受け入れていった。1947年にロビンソンが人種の壁を破ってメジャーデビューすると、その後もドン・ニューカムやロイ・キャンパネラといったニグロリーグ経験者を積極的に登用し、ドジャースは1947年から1966年までの20年間でリーグ優勝10度、ワールドシリーズ制覇4度という黄金期を築くことに。

他球団に先行して新しいものを取り入れ、しっかり投資をしていくというスタイルは現在に至るまで変わっておらず、チームの強さを支える要素の一つとなっている。

90年代には5年連続で新人王を輩出の快挙

MLB公式サイトでは2015年シーズンから開幕前とシーズン途中にファーム組織ランキングを発表しているが、ドジャースはコリー・シーガーやフリオ・ウリアスがまだプロスペクト扱いだった2016年シーズン開幕前に1位を獲得。レギュラーシーズンの勝率が高いため、ドラフトでは高い順位の指名権を得ることができていないにもかかわらず、2019年途中に3位、2022年途中と2023年開幕前には2位になるなど、それ以降も安定して高い順位をキープしている。これはドラフトで故障などのリスクを恐れず能力の高い選手を指名していることに加え、下位指名の選手を育て上げる育成力を持っていることが大きく影響している。

1990年代にはエリック・キャロス、マイク・ピアザ、ラウル・モンデシー、野茂英雄、トッド・ホランズワースと5年連続で新人王を輩出したことがあったが、2016～17年にもシーガーとコディ・ベリンジャーが連続受賞。ほかにもウリアス、ジョク・ピーダーソン、ウォーカー・ビューラーといった好選手たちを輩出してきた。この強固なファーム組織がある限り、ドジャースのチームづくりが大崩れすることはないのではないだろうか。

ジャッキー・ロビンソン（写真）ら傘下のマイナー・チームにアフリカ系選手を積極的に採用。彼らの活躍でドジャースは1947年から1966年までの20年間でリーグ優勝10度、ワールドシリーズ制覇4度という黄金期を築く

 文／村田洋輔

ロバーツ監督

フロントの「戦略」に忠実な指揮官

沖縄生まれの日系アメリカ人

メジャーでは「全権監督」は少ない

ケチャップ　ロバーツ監督は投手交代のタイミングについて、僕はあまり上手ではない監督だと見ています。

福島　確かに、そこはメディアから時折、批判されていますね。

村田　ロバーツ監督が持っている権限は、そもそもそんなに大きくないんです。今のMLBは、球団側が「全権を差し上げます。采配してください」というクラスの名将を除いて、だいたいが基本的にはフロントの〝操り人形〟となるケースが多い。戦術から選手の起用法まで、フロントが全部プランを考えているんです。

ケチャップ　実際に采配している監督は2023年なら、それぞれシーズン後に勇退したガーディアンズのテリー・フランコーナ[1]監督とか、アストロズのダスティ・ベイカー[2]監督くらいじゃない？

村田　ワールドシリーズを制したレンジャーズのブルース・ボウチー監督もそうかもしれない。だから、数年前のポストシーズンでも、ロバーツ監督は先発投手を決めるのに必要な6〜7票のうち、1票分の権限しか持っていない話がニュースになっていました。あくまでも意思決定者のうちの一人という立場です。

ケチャップ　データで選手を再生させるうまさがあるチームだなという印象があります。データを重視するから、たとえば6回2死まで来たのに「え？　ここで代えるの？」というタイミングで先発投手を代える采配をするのがロバーツ監督というか、ドジャースですね。

村田　フロントが言っているから、従わなければいけないということですよね。極端にいえば、フロントの指示に従った結果、その采配が裏目に出たとしてもチーム全体の責任。

ケチャップ　確かに。監督の責任ではないね。

村田　そう。だけど、球団の方針に逆らって、監督の直感だけで決めた采配で大失敗したら、それはもう監督の責任になってしまうので。

ケチャップ　だから、球数もきっちり投げさせると思います。2025年に復活予定[3]の「投手・大谷」がいいピッチングをしていて、本人が「もう1イニングいきたい」と言ったとしても、おそらく「NO」と言うのがドジャースだと思います。

大谷の完投・完封はなくなる？

村田　エンゼルス時代のよう

1 テリー・フランコーナ
2004年にレッドソックスを86年ぶりのワールドシリーズへ導き、07年も世界一に。現ガーディアンズを率いた13、16、22年にア・リーグ最優秀監督賞

2 ダスティ・ベイカー
監督として5球団で26年間指揮。ジャイアンツで最優秀監督賞3度。アストロズ監督としては2021年から3年連続地区優勝、22年はチームを5年ぶり世界一に

現役時代は俊足巧打の外野手だったロバーツ監督

に、100球以上投げての完投、完封はなくなってくるでしょう。フロントが「今日の試合は球数が100球に到達する前に代えなさい」と指示したら、たぶんロバーツ監督はそれに従います。

　ロバーツ監督は8年連続ポストシーズン進出を果たしているけれど、ワールドシリーズでは1度しかチャンピオンになっていない。それでもクビにならない理由は、フロントに忠実な監督だからでしょう。

福島　大谷選手は昨年、あの「野球史上最高の日」と言われた7月27日のタイガース戦ダブルヘッダー第1試合に自ら続投志願して初完封したけれど、[4]結果的にそのあとケガをしましたもんね。

村田　これからの大谷選手は、自分が思うように「打って投げて」をやるというよりは、チームの勝利が最優先になる。全試合出場がなくなる可能性もあり得ます。

　たとえば、チームとしてフリーマン、ベッツ、マックス・マンシーを休ませるためにDHで起用したい場合は、週1回は「じゃあ、大谷選手、今日は休みましょう」という可能性は十分にある。大谷選手は試合に常時出場したいタイプですが、そのこだわりを捨ててでもドジャースを選んだんじゃないですかね。

観戦の狙い目はピッツバーグ

ケチャップ　日本から渡米して現地でドジャース戦を観戦するなら敵地開催、とくにアリゾナ・ダイヤモンドバックス戦がおすすめです。試合数も多いし、日本から行きやすい。ほかにナ・リーグ中地区のパイレーツ戦（6月4～6日）も狙ったほうがいいですよ。

　もう、ドジャー・スタジアムのチケットはなかなか買えない。ナ・リーグ西地区は、パドレスのサンディエゴでも入手は難しいし、ジャイアンツのサンフランシスコも球場のキャパシティーがそれほど大きくないから。

福島　ドジャースは10年連続で観客動員数ナンバーワンですから。西地区の試合で入場できるなら、ロッキーズの本拠地コロラド州デンバーなど。

ケチャップ　東地区のニューヨーク・メッツ、ブレーブス、

3 復活予定の「投手・大谷」
昨年9月に右肘のトミー・ジョン手術を受け、今季は打者専念。投手としての復帰は2025年予定

4 結果的にそのあとケガをしました
昨年8月23日のレッズ戦でダブルヘッダー第1試合に先発も、2回の投球中に緊急降板。右肘負傷で投手としての登板をとりやめ、9月4日には右脇腹を負傷したためシーズン中の復帰を断念

フィラデルフィア・フィリーズ戦は難しい。マーリンズ戦はいいかもしれない……というくらい、なかなか見ることができないほどチケット入手は大変です。

福島　ドジャースのチケットは、現地でチケット専売業者に頼むしかないですよ。高額なんだけどね。[5]1995年にドジャース入りした野茂英雄氏が活躍していた時代もそうでした。

ケチャップ　今までならエンゼル・スタジアムに行って、空いている席で安いチケットをパッと買えましたが、もうそういうことはできない。ドジャー・スタジアムはちゃんと予約して行かないと絶対入れないですよ。

福島　可能な限りドジャー・スタジアムで大谷選手を応援してほしいなあ。最高に雰囲気がいい球場なんですよ。というのも、男性が女性をデートに誘いたくなるような球場なんです。だから、毎試合のように超満員になるんですよ。

デーブ・ロバーツ監督

生年月日	1972年5月31日（51歳）
出身／国籍	沖縄県那覇市／アメリカ合衆国
現役時代（外野手）	1999-2001年　インディアンス／2002-2004年途中　ドジャース／2004年途中-　レッドソックス／2005-2006年　パドレス／2007-08年　ジャイアンツ 通算10年間…832試合、打率.266、23本塁打、213打点、243盗塁、721安打
監督時代	2015年パドレス（※代行、1試合のみ）…0勝1敗　2016年～ドジャース…753勝442敗 通算9年間…1196試合753勝443敗

※インディアンスは現ガーディアンズ、年齢は2024年1月1日時点

2020年ワールドシリーズの第6戦で32年ぶりの世界一を決めたドジャース

5 1995年にドジャース入りした野茂英雄氏が活躍していた時代
野茂は1995年5月にメジャーデビューを果たし、13勝6敗、236奪三振で新人王と奪三振王を獲得。オールスターにも出場した。翌96年にはノーヒット・ノーランも達成

ドジャースを知るためのキーワード 5

敏腕コーチ

ロバーツ監督を支えるコーチング・スタッフのなかから注目のコーチ2人を紹介

大谷翔平が投打の二刀流選手ということもあり、投手コーチのマーク・プライアーと打撃コーチのロバート・バンスコヨックは日本で注目を浴びる機会も増えるはずだ。

イチローや松井秀喜が活躍していた時代からのMLBファンであれば、プライアーの名前を覚えている人も多いだろう。

プライアーは2001年ドラフト全体2位でカブスに指名されたように、トップ・プロスペクトとして大きな期待を背負った選手であり、2002年に早くもメジャーデビュー。2003年は18勝6敗、防御率2・43、245奪三振の好成績を残し、オールスター・ゲームに選出されたほか、サイ・ヤング賞投票で3位にランクインした。ところが、相次ぐ故障に悩まされ、2005年に11勝を挙げたものの、2006年を最後にメジャーの舞台から姿を消した。

それ以降はいくつものチームを渡り歩いて復活を目指したが、2013年シーズン限りで現役引退を表明し、パドレスのフロントオフィス入り。フロントの仕事を学んだあと、2015年からマイナーの投手コーディネーターを務め、2018年には将来の投手コーチ候補としてドジャースに引き抜かれ、最初の2年間はブルペンコーチ、そして2020年からは投手コーチを務めている。

現役時代の経験も交えながらの指導には定評があり、ドジャースが得意とする、故障や不振からの復活を目指す投手の「再生」や伸び悩む投手の「改造」にも一役買っている。選手たちからの評判もよく、2025年シーズンからは大谷と話をするシーンも多く見られるだろう。

理論や指導力に定評 選手経験ない叩き上げ

一方、バンスコヨックはプロ野球選手経験のないコーチである。大学までプレーした後、少年野球や高校野球のコーチをするようになり、2010〜11年にはサンディエゴ・クリスチャン大学で打撃コーチを務めた。「フライボール・レボリューション」の元祖として知られるクレイグ・ウォーレンブロックと一緒に仕事をするようになるとプロ野球選手への指導も開始し、ブレーク前のJ・D・マルティネスのスイング改造を手助けした。

そうした実績が評価され、2016〜17年にはドジャースの打撃コンサルタントを務め、クリス・テイラーのスイング改造に貢献。2018年に打撃ストラテジストとしてダイヤモンドバックスに採用されたが、2019年からドジャースに戻り、打撃コーチを務めている。その理論や指導力は高く評価されており、大谷の打撃成績アップにも貢献するかもしれない。

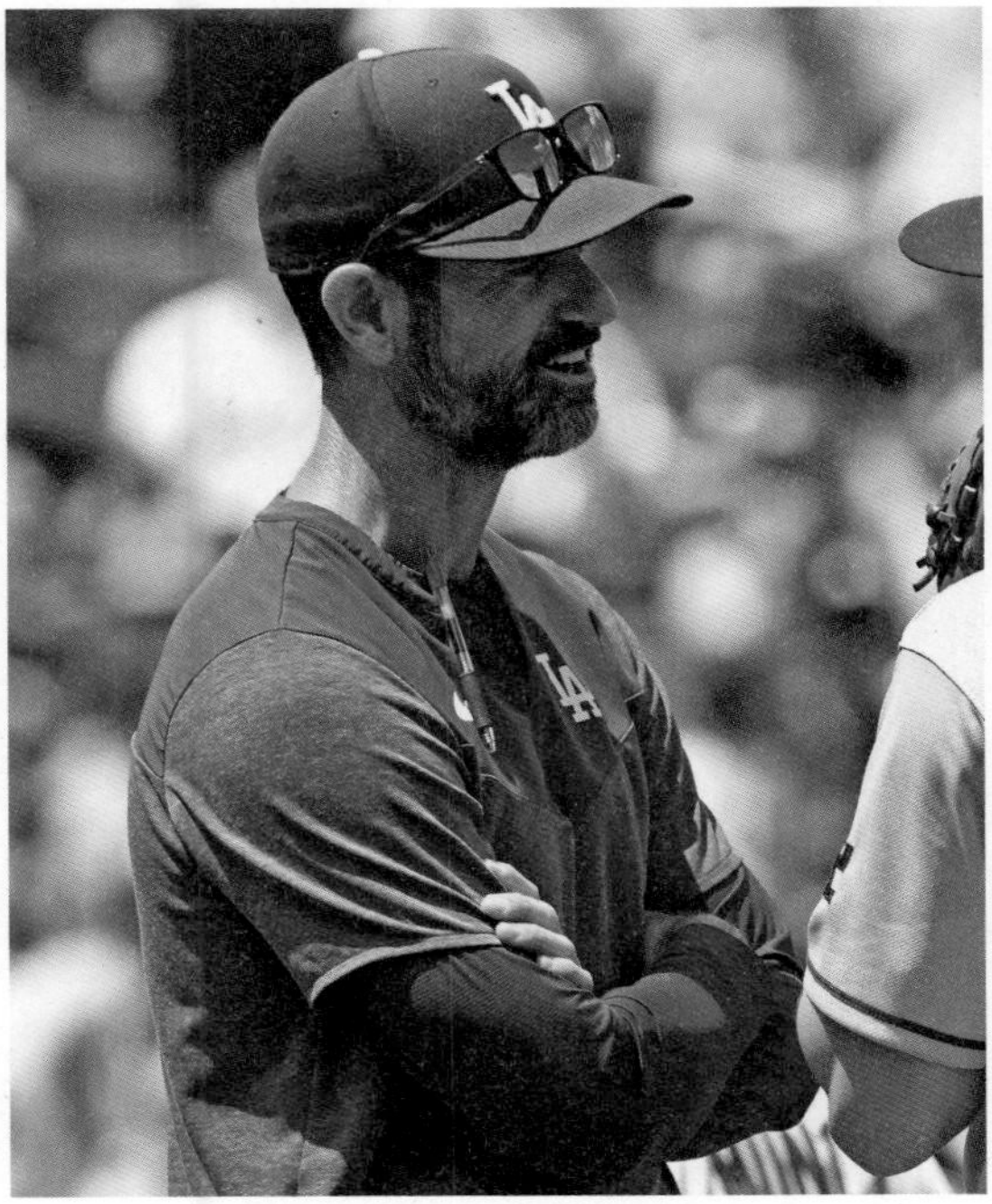

故障からの「再生」に定評のあるマーク・プライアー投手コーチ。メジャー5年のキャリアで通算42勝。2020年からドジャースの投手コーチ。1980年生まれ

文／村田洋輔

打順

「1番・ベッツ」「2番・大谷」「3番・フリーマン」が最有力
「MVPトリオ」爆誕で夢の最強打線

打順は2番が有力か 福島氏は3番推し

村田 大谷選手の打順はおそらく2番。ベッツとフリーマンの間に入ると思います。

ケチャップ 僕も2番だと思います。大谷選手は走力がありますから、3番にする必要はないでしょう。

福島 いやいや、最初は1番・ベッツ、2番・フリーマンだと思いますよ。ベッツは球界屈指のリードオフマンで、2018年レッドソックス時代に「30本塁打・30盗塁」を達成。ア・リーグ首位打者、MVPにも輝き、チームの世界一に貢献しました。2020年ドジャース移籍後も、いきなりチームに世界一をもたらし、昨年はナ・リーグMVP投票2位でしたが、自己最多の39本塁打をマークしています。守備でも、ゴールドグラブ賞に6度も輝いていて、外野以外に二塁、遊撃も守れる。まさに大谷選手も憧れるほどのオールラウンドプレーヤーです。

フリーマンは、パワーと走塁術を兼備する超一流の左打者。2020年はナ・リーグMVPに輝き、翌2021年にはブレーブスの世界一に貢献。昨年はドジャースで2番打者として打率3割3分1厘、球団新記録の59二塁打をマークしました。

この2人はメジャー最強の1・2番コンビです。だから、まずは「3番・大谷」にして、エンゼルス時代のように四球で歩かされることが多くなってきたときに、ベッツとフリーマンの間に入れるんじゃないかな。いずれにしても、メジャー最強の1・2・3番。全員がMVP受賞歴のある選手ですから。

村田 3番を打つとしたら、出塁率の高いベッツとフリーマンが前にいますからね。2番だったとしても、打点は余裕で100を超えるでしょう。

福島 2023年のドジャースには、球団史上初の「100打点カルテット」が誕生したでしょう? だから、大谷選手もキャリアハイ[1]の打点は十分可能だと思いますよ。

村田 僕は、1番・ベッツ、2番・大谷、3番・フリーマンと予想しているので、後ろにフリーマンがいることによって、大谷選手への四球は格段に減る。そうすると、塁上にベッツを置いて、大谷選手が打つという場面が増えるでしょう。

ケチャップ やっぱり2番ですよ。フリーマンはギャップヒッター[2]だから、二塁打をよく打つ。フリーマンが打席にいるときに、一塁走者に大谷

1 キャリアハイの打点
大谷の自己最多打点は2021年の100打点

2 ギャップヒッター
外野手の間(ギャップ)を抜く長打を放つ選手。本塁打の数と比較し、二塁打以上の安打数が多い

選手がいれば、二塁打1本でホームに還ってくるもん（笑）。

福島　いやあ、でも、やっぱりベッツとフリーマンの1・2番コンビはいいんだよなあ。打率的にいいんですよ。ベッツは2018年に3割4分6厘で首位打者に輝き、昨年だって3割7厘。フリーマンはここ8シーズンのうち7シーズンが3割超えで、昨年は3割3分1厘ですよ。

ケチャップ　打率のスタッツでいえば、まだ大谷選手はフリーマンの打率には及ばないかあ。

福島　加えてフリーマンは昨年、左投手に対し打率3割3分5厘、長打率6割9厘。大谷選手は多少、左投手に対しては長打力が落ちるんです。

ケチャップ　じゃあ、投手の左右を気にしないフリーマンが3番でいいじゃないですか（一同笑）。

福島　いや、フリーマンには走塁も並外れた巧さがあるんですよ。大谷選手はスピードがありますが、フリーマンは昨季23盗塁して失敗は1つだけでした。

村田　足は全然速くないけれど、昨季のフリーマンは走塁のテクニックが上手でした。高確率でセーフになるシチュエーションを選んで走るタイプの走者ですね。

福島　やっぱり1番・ベッツ、2番・フリーマン、そして大谷選手の3ランで勝つ、というのが2024年のドジャースだと思いますよ。

メジャーでは過去に、チームにMVP4選手が居並ぶ「MVPカルテット」が誕生したことがありました。たとえば、ドジャースでは2021年にプホルスが加入した際は、左の長距離砲で2019年MVPのコディ・ベリンジャー[3]（カブスFA）、エースのカーショウ（ドジャースFA）らとともに4人のMVP選手がいました。プホルスが古巣カージナルスへ移籍した2022年にはフリーマンが加入して「カルテット」を形成しています。

しかし、今回のベッツ、フリーマン、大谷のように、前年にそれぞれア・リーグ、ナ・リーグのMVP投票で全員が3位以内に入った[4]3選手が、同じチームで不動の1、2、3番を務めるなんて、前代未聞ですよ。

大谷の新たな盟友となるベッツ（左）とフリーマン

3 コディ・ベリンジャー
2022年にドジャースから放出されたが、昨季はカブスで打率3割7厘、26本塁打、97打点。選手間投票のカムバック賞を受賞

4 全員が3位以内
ア・リーグでは大谷がMVPを獲得。ナ・リーグではアクーニャJr.がMVPを獲得し、2位がベッツ、3位がフリーマン

投手有利の球場で球団初の50本塁打を

ケチャップ　大谷選手は今季、本塁打を何本打てると思いますか？　僕は40本だと思います。

福島　やっぱり、超一流スラッガーの証しである50本は狙うでしょうね。

村田　僕は右肘のトミー・ジョン手術のリハビリと並行してることを考慮して、術後1年目はあまり期待し過ぎないほうがいいと思います。2018年に最初のトミー・ジョン手術を受けて、翌2019年の成績[5]が目安になるのではないかと。

福島　当時に比べてバッティングの技術もパワーも向上しています。

ケチャップ　いやいや、2019年は18本塁打でしょう。さすがに20本くらいでは終わらないよ。

村田　そうですね。2019年当時とはまったく別モノの打者になっているから、20本ということではないですが、30本でOPS[6]が・900を超えれば、手術明け1年目としては十分じゃないかな。

ケチャップ　あのドジャース打線に入ったら、打ちやすくはなる。ただ、ドジャー・スタジアムはピッチャーズパラダイス。ボールが飛ばないんですよ。

村田　いい打者が揃って点を取りまくっているから、あまりそういうイメージはないと思いますが、基本的には投手有利な球場です。

福島　そうそう。とくに左打者はね。右翼への場外本塁打は、スタジアムの開場以来1本しかないんですよ。

ケチャップ　右打者が左翼へガツーンとデカい本塁打を放り込んでいるイメージはあるけれど、右翼へデカい「ガツーン」はなかなか見られない球場ですね。ナイトゲームではとくに飛ばない。

福島　これまでドジャースでシーズン50本塁打をマークした選手は誰もいない。2001年ショーン・グリーン[7]の49本が最多です。だから、大谷選手には球団史上初の50本を打ってほしいんです。大谷選手のパワーなら、投手有利の球場でも関係ないと思います。以前、ヤンキースのジャッジと話したとき、「自分はどこの球場でも本塁打を打てる」と言っていました。それがパワーヒッターの自信と誇りです。

2024年ドジャースの予想スタメン

打順	位置	選手	年齢	打率	本塁打	打点	盗塁
1	二塁	ムーキー・ベッツ	31	.307	39	107	14
2	DH	大谷翔平	29	.304	44	95	20
3	一塁	フレディ・フリーマン	34	.331	29	102	23
4	捕手	ウィル・スミス	28	.261	19	76	3
5	三塁	マックス・マンシー	33	.212	36	105	1
6	中堅	ジェームズ・アウトマン	26	.248	23	70	16
7	左翼	クリス・テイラー	33	.237	15	56	16
8	右翼	ジェイソン・ヘイワード	34	.269	15	40	2
9	遊撃	ギャビン・ラックス	26	―	―	―	―

※年齢は2024年1月1日時点。成績は2023年シーズン

5 翌2019年の成績
打者としては106試合出場で打率2割8分6厘、18本塁打、62打点。投手としては2試合登板のみ

6 OPS
打者を評価する指標の一つ。出塁率と長打率を足したもので、0・8以上で一流、1・0以上は超一流選手とされる

7 ショーン・グリーン
2000～05年までドジャースに在籍した強打者。2001年に49本塁打を記録。4球団で15年間プレー。通算328本塁打、2003安打、OPS・850

ドジャースを知るためのキーワード⑥

MVPトリオ

MVP経験者がキャリアのピークに近い状態で3人揃った打線はMLBで過去に例がない

大谷翔平の加入により、ドジャースの上位打線（ラインナップの1～3番）には3人のMVP経験者が並ぶことになる。

レッドソックス時代の2018年にMVPを受賞したムーキー・ベッツ、エンゼルス時代の2021年と2023年にMVPを満票受賞した大谷、そしてブレーブス時代の2020年にMVPを受賞したフレディ・フリーマンだ。

MLB公式サイトが2023年12月中旬に発表した「2024年の最強トリオ」では当然のように1位に挙げられているが、MLB史上最強のトリオとなる可能性も秘めている。

MVP経験者3人が名を連ねる打線は、それほど珍しいものではない。2022年のドジャースにはベッツ、フリーマン、コディ・ベリンジャーがいたし、2021年のドジャースにもベッツ、ベリンジャー、アルバート・プホルスがいた。1996年のレッドソックスにもホセ・カンセコ、ケビン・ミッチェル、モー・ボーンと3人のMVP経験者が名を連ね、1978年のレッズ（ジョニー・ベンチ、ジョージ・フォスター、ジョー・モーガン、ピート・ローズ）や1982年のエンゼルス（ドン・ベイラー、ロッド・カルー、レジー・ジャクソン、フレッド・リン）のように、4人のMVP経験者を擁した打線も存在する。

しかし、ベッツ、大谷、フリーマンは2023年のMVP投票で3位以内にランクイン。MVP経験者がキャリアのピークに近い状態で3人揃った打線は過去に例がない。

ルース、ボンズがいた打線に匹敵するトリオ

また、パーク・ファクターを補正したうえで、各選手のOPSが平均よりどれだけ優れているかを表すものとして「OPS＋」という指標があるが、2023年にベッツは163、大谷は184、フリーマンは161を記録。過去にOPS＋が160以上の打者（400打席以上）が3人いたのは、1929年のヤンキース（ルー・ゲーリッグ、トニー・ラゼリ、ベーブ・ルース）、1963年のジャイアンツ（オーランド・セペダ、ウィリー・メイズ、ウィリー・マッコビー）、2000年のジャイアンツ（バリー・ボンズ、エリス・バークス、ジェフ・ケント）の3チームだけであり、もしベッツ、大谷、フリーマンが2024年もOPS＋で160以上を記録すれば、史上4チーム目の快挙となる。

ルースとゲーリッグがいた時代のヤンキース、3人の殿堂入り選手がいた時代のジャイアンツ、ボンズが打線の中心に君臨していた時代のジャイアンツが比較対象になること自体、この1～3番トリオが驚異的であることの証しと言えるだろう。

ベッツとフリーマンの間に入ることで、大谷の打撃成績アップも期待されている。

MVPトリオの過去3シーズン主要打撃成績

	ベッツ			大谷			フリーマン		
	打率	本塁打	打点	打率	本塁打	打点	打率	本塁打	打点
2021年	.264	23	58	.257	46	100	.300	31	83
2022年	.269	35	82	.273	34	95	.325	21	100
2023年	.307	39	107	.304	**44**	95	.331	29	102
通算	.294	252	756	.274	171	437	.301	321	1143

※太字はリーグ1位。通算はMLB通算記録。大谷は2021～23年エンゼルス、フリーマンは2021年ブレーブス

文／村田洋輔

記録

史上2人目「両リーグMVP」なるか

打者専念で史上初の「50本塁打・30盗塁」も夢じゃない！

全球場・全球団HRが移籍で可能になった

福島　ナ・リーグへ移籍したことで、全球場、とくに全球団に対しての本塁打が可能になります。全球団でいえば、エンゼルス時代にはイチローさんと並ぶ日本人最多タイの24球団制覇を果たしていますから、あと6球団ですね。本塁打の「全球場コンプリート」「全球団コンプリート」に注目です。

ケチャップ　開幕早々の4月5日にはカブスの本拠地、リグレー・フィールドへ初めて行くんですよね。6月7日にはヤンキー・スタジアムへ行って、5月3日には本拠地ドジャー・スタジアムでブレーブス戦。これは、2023年ナ・リーグMVPのアクーニャJr.と「MVP対決」ですね。

6月11日には、同年ワールドシリーズを制したレンジャーズとドジャー・スタジアムで初めてレギュラーシーズンを戦う。9月3日には、レギュラーシーズンでエンゼル・スタジアムへ凱旋します。

僕はまず、3月20日のパドレスVS.ドジャースの開幕戦（韓国）は絶対に行こうと思っていますよ。

福島　WBC優勝後に大谷選手は「日本だけでなく、韓国も台湾も中国も、もっともっと野球を大好きになってもらえるように、その一歩として優勝できたことがよかった」と語っていました。同じアジアのファンの前でプレーしたい思いは強いはずです。

村田　打者専念とはいえ、実戦の準備ができているかどうかという心配はありますよね。前回2018年にトミー・ジョン手術を受けたときは、復帰は翌年のゴールデンウイーク明けでしたから。

ケチャップ　フィリーズの外野手、ブライス・ハーパー[1]は2022年11月下旬にトミー・ジョン手術を受けて、復帰が昨年5月のはじめ。わずか160日間で復帰したんですよね。

村田　ハーパーの場合は打撃専門というか外野手なので、大谷選手は投手としてのリハビリの兼ね合いも考えると、あまり急ぎすぎるのも怖い。ひょっとしたら、韓国開幕戦回避という流れになってもおかしくはないかな。

とはいえ、大谷選手はナ・リーグのチームに行ったことで、史上2人目の両リーグMVPの可能性もありますからね。2024年にナ・リーグMVPに輝いた場合は、殿堂入りした強打者、1966年フランク・ロビンソン[2]以来。

福島　まさか、あのロビンソン以来の両リーグMVPとは

1 ブライス・ハーパー
フィリーズの主砲。2015年本塁打王、同年、21年にMVP

2 フランク・ロビンソン
現役時代はオリオールズでワールドシリーズ制覇を2度経験。1966年に三冠王、通算本塁打は586本。アフリカ系米国人としてメジャーリーグ史上初の監督

……。２年連続となれば、異なるリーグでのＭＶＰは史上初。チームがワールドシリーズを制覇すれば、２００９年松井秀喜さん（元ヤンキース）以来の日本人２人目のワールドシリーズＭＶＰ、つまり究極の「ダブルＭＶＰ」も期待されます。

実現すれば史上初「50本塁打・30盗塁」

ケチャップ　みんなが言わないことを言って〝当たった感〟を出すために、走塁でどえらいことをするかもしれないっていうのはどう？（笑）。「50本塁打・50盗塁」とか。アクーニャJr.が昨年に「40本塁打・70盗塁」を達成して、面白い記録をつくり始めたからね。

福島　そう、機動力こそドジャースの伝統。ドジャースは１９６０年代に「ゴーゴー・ベースボール」で一世を風靡《ふうび》しましたし、根本は「走る野球」なんですよ。だから、注目は本塁打と盗塁のコンビネーション。大谷選手は昨年、史上８人目の複数回にわたる「40本塁打・20盗塁」を達成しました。

だから、今年は史上12人目の「40本塁打・30盗塁」、史上５人目の「50本塁打・20盗塁」、前人未到の「50本塁打・30盗塁」……。右肘のこともあるけれど、このあたりに注目したいですね。

ケチャップ　これまでとは違う大谷選手の姿を見ることができるかもしれないですね。今年は「投げる・打つ」に加えて、「走る」でも魅せてくれるの？　という状況があるかも。

村田　今季は投手をやらないので、これまで以上に走れるという可能性は十分にありますよね。「50本塁打・30盗塁」はまだ誰もやっていない。大谷選手は今年、野手に専念できるということで、史上初になる可能性があるとしたら、まずはこれじゃないですか。

ケチャップ　でも、本拠地が投手有利のドジャー・スタジアムだから、そこまで本塁打数が伸びないような気もするな……。打率、打点のほうが記録を出せるんじゃないかな。初の打点王は狙えるかも。

村田　打順が１番・ベッツ、２番・大谷、３番・フリーマンであれば、エンゼルス時代のように、チャンスで毎回歩かされるようなことはなくなるでしょうからね。

三冠王ならナ・リーグ87年ぶり

福島　２年連続本塁打王と初

2023年シーズンMVP獲得前に、チームの年間MVPも獲得した大谷

史上初めて両リーグでMVPに輝いたフランク・ロビンソン

の打点王は比較的可能性が高いとなれば、メジャーではミゲル・カブレラ[3]（当時タイガース）以来12年ぶり、ナ・リーグに限れば87年ぶりとなる三冠王にも夢が広がります。ただし、打率では手ごわいライバルがいます。昨年、史上2人目の両リーグ首位打者となった〝安打製造機〟ルイス・アラエス[4]（マーリンズ）です。

ほかにも、まだまだあるんです。2桁「二塁打・三塁打・本塁打・盗塁」の達成ですね。なかでも、10三塁打以上をマークすると、史上4人目の三塁打王・本塁打王の同時獲得に近づきます。

あと、アメリカでは三冠王に匹敵するほど高く評価される、夢の400塁打にも再挑戦してほしいですね。

村田　投手有利の本拠地球場に行ったことを踏まえれば、2025年以降は、サイ・ヤング賞を狙ってほしい。MVPとサイ・ヤング賞のダブル受賞はこれまで投手が何度もやっているので、バッティングタイトルにプラスして、サイ・ヤング賞はMLB史上前例がない。しかも、大谷選手は同時受賞の可能性もあります。

ケチャップ　でも、ピッチングが本調子になるのは2026年だろうね。2025年はアジャストしていくのが大変だと思いますよ。

村田　これから10年間プレーすることが確定したと考えれば、それこそ史上29人目の通算500本塁打とか。あと329本ですね。

福島　今年はとりあえず、松井秀喜さん（元ヤンキースなど）を超える日本人通算最多本塁打数があります。松井さんは175本だから、あと4本。そのあと、通算200本塁打も待っています。将来的には、投手として一流の証しである通算100勝、打者として超一流スラッガーの最終目標である通算500本塁打を目指してほしい。

村田　勝ち星でベーブ・ルースの94勝を超えて、ルースの通算714本塁打の半分くらいを打てれば、文句なしで殿堂入りだと思いますよ。

大谷が記録した主な「MLB史上初」

年	内容
2021	投打混合5部門で「100」を達成した「クインティプル100」
	10登板以上&30本塁打
	オールスターに投打両部門選出
	オールスターに投打同時出場
	シーズン10本塁打&100奪三振
	シーズン40本塁打&100奪三振
	投手として10登板&20盗塁
2022	投打ともに規定投球回&規定打席クリア
	シーズン15勝&30本塁打
	シーズン200奪三振&30本塁打
	2桁勝利&2桁本塁打&2桁盗塁
	安打数・投球回・奪三振数が「160」到達の「トリプル160」
	投打19部門でチームトップの「チーム19冠」
	8打点翌日に2桁奪三振
	投打両方で2年連続WAR2.0以上
	投打両方で2年連続オールスター出場
2023	投打両方で1試合にピッチクロック違反
	2年連続2桁勝利&2桁本塁打
	10勝&40本塁打

3 ミゲル・カブレラ
昨季限りで引退したレジェンド。通算511本塁打。タイトルは首位打者4度、本塁打王2度、打点王2度。2012年はMLB45年ぶりの三冠王。シーズンMVPは2度受賞

4 ルイス・アラエス
2022年にツインズで打率3割1分6厘、マーリンズへ移籍した昨季は打率3割5分4厘をマークし、異なるリーグで2年連続首位打者。04年イチロー（当時マリナーズ）が達成したシーズン安打記録（262安打）に最も近い男

ドジャースを知るためのキーワード 7

永久欠番

ドジャースには12個の永久欠番がある。栄光の歴史を築いた名選手、名監督たちの足跡

永久欠番	選手名	位置	一口メモ
1	ピー・ウィー・リース	内野手	通算2170安打。オールスター10度選出
2	トミー・ラソーダ	監督	1976～96年に監督。2度のWS制覇
4	デューク・スナイダー	外野手	通算本塁打(407)と打点(1333)の球団記録
14	ギル・ホッジス	内野手	通算370本塁打、1274打点。WSに5度出場
19	ジム・ギリアム	内野手	黄金期のリードオフマン。コーチとしても貢献
20	ドン・サットン	投手	通算324勝。通算勝利の球団記録(233)
24	ウォルター・オルストン	監督	1954～76年に監督。4度のWS制覇
32	サンディー・コーファックス	投手	通算165勝。サイ・ヤング賞3度。4季連続ノーノー
34	フェルナンド・バレンズエラ	投手	通算173勝。スクリューボールで一世風靡
39	ロイ・キャンパネラ	捕手	実働10年でリーグMVP３度、WS出場5度
42	ジャッキー・ロビンソン	内野手	アフリカ系米国人で20世紀初のメジャーリーガー
53	ドン・ドライスデール	投手	通算209勝。3度のWS制覇に貢献。6試合連続完封

※WS＝ワールドシリーズ。永久欠番と同等の扱いを受けているブロードキャスターのビン・スカリーとハイメ・ハリンは除く

球団初の永久欠番となったのは、サンディ・コーファックス(32)、ロイ・キャンパネラ(39)、ジャッキー・ロビンソン(42)の3人で、1972年6月4日にドジャー・スタジアムでセレモニーが行われたが、この年はコーファックスがアメリカ野球殿堂入りを果たした年であり、この時点でキャンパネラとロビンソンはすでに殿堂入り選手だった。コーファックスは1963～66年の4シーズンでサイ・ヤング賞に3度輝いた伝説の名投手で、「引退後の長い人生を健康な体で過ごしたい」と30歳で引退。36歳で殿堂入りを果たしたが、これは現在も最年少記録として残っている。

ロビンソンは言わずと知れた、人種の壁を破ったメジャーリーガー。デビュー50周年にあたる1997年4月15日、背番号42は全球団共通の永久欠番となった。キャンパネラは強肩強打の捕手として1950年代に活躍。交通事故に遭い、引退を余儀なくされた不運の選手でもある。

その後、通算2040勝、ワールドシリーズ制覇4度の実績を残した名将ウォルター・オルストン(24)が1977年、コーチ在任中に脳出血で急死したジム・ギリアム(19)が1978年、1950年代に打線の中軸を担ったデューク・スナイダー(4)が1980年に永久欠番の仲間入り。1984年にはピー・ウィー・リース(1)とドン・ドライスデール(53)も永久欠番となった。リースはロビンソンと二遊間コンビを形成した名遊撃手。ドライスデールは14年間のキャリアで通算209勝を挙げた名投手だ。

殿堂入りしていない永久欠番は2人だけ

1997年に「私にはドジャーブルーの血が流れている」の名言で知られる元監督のトム・ラソーダ(2)、1998年には球団史上最多の233勝を挙げたドン・サットン(20)も永久欠番に。2022年には強打好守の一塁手として活躍したギル・ホッジス(14)も永久欠番となった。

1981年に大旋風を巻き起こし、「フェルナンド・マニア」と呼ばれる熱狂的なファンを生んだフェルナンド・バレンズエラ(34)は2023年に球団史上12人目の永久欠番に。殿堂入りしていない永久欠番はギリアムに次いで2人目である。

ライバル

ナ・リーグ移籍で〝激化〟するタイトル争い

「本塁打&MVP」争いの好敵手たち

本塁打王争いは「ビッグ4」

村田　本塁打王争いのライバルは多いですよね。2019年に53本塁打でタイトルを獲得したピート・アロンソ（メッツ）は昨年も46本塁打を打っているし、2022年のキングであるシュワーバー（フィリーズ）、それこそ昨年「40本塁打・70盗塁」を達成したアクーニャJr.（ブレーブス）だってそう。

2年連続で40本塁打にあと少しと迫っているオースティン・ライリー（ブレーブス）もライバルになりますよね。5ツール・プレーヤーのフェルナンド・タティスJr.[1]（パドレス）だって、打ちまくってもおかしくない。

ケチャップ　ライリーもすごいよ。本塁打と打点の二冠を狙えるからね。同じドジャースのベッツやフリーマンもそうだよね。

福島　昔と違ってナ・リーグもDH制を導入し、強打者が多くなりました。

村田　ア・リーグに関しては、明確なライバルはジャッジ（ヤンキース）だけだったので。

福島　やっぱり一番は、昨年本塁打王&打点王のオルソン（ブレーブス）かな。球団新記録の54本塁打ですから。アスレチックス時代（2016～2021年）から、同じ左のパワーヒッターとして大谷選手のライバルです。

ケチャップ　かなり遠くへ飛ばしますよね。アスレチックス時代とは別人みたい。

村田　大谷選手とのMVP争いというところでは、今年のビッグ4がライバルですよね。上からアクーニャJr.、ベッツ、フリーマン、オルソン。ここに加わってくるとしたら、シーズンMVP2度受賞のハーパー（フィリーズ）、昨年WBC決勝で先制弾を打ったトレイ・ターナー（フィリーズ）とか。

福島　そのなかでも、アクーニャJr.のパワーとスピードには度肝を抜かれる。

村田　もし、昨年の成績で大谷選手、アクーニャJr.が同じリーグにいたら、どっちがMVPを獲得したかと考えると、アクーニャJr.だったと思います。

福島　野球の二大要素であるパワーとスピードを兼ね備えた「本塁打と盗塁のコンビネーション」で考えると、この2人の関係は楽しみですね。

ベッツと大谷で「ベッタニ」?

村田　今年に限っていえば、大谷選手はフルタイムのDHとなるので、MVP争いにと

1　フェルナンド・タティスJr.
MLBを代表する5ツール・プレーヤー。21年に42本塁打で本塁打王獲得。そのオフに14年総額3億4000万ドル（約493億円）の大型契約を結んだ。22年に禁止薬物の使用で80試合出場停止処分。守備にも定評があり、21年までは遊撃手、昨季から本格的に右翼手を務め、外野手部門でゴールドグラブ賞を受賞している

っては不利になります。二刀流でポイントが加算されていたWAR[2]も稼ぎにくくなってしまうので。それでも、昨年はDHだけでも「6」。フル出場したら「7」のペースでした。

ケチャップ　だから、今年はそのぶん走るよ。

村田　同じドジャースのベッツは今年、ほぼフルタイムで二塁手なので、WARの数値がまた上がります。右翼手でゴールドグラブ賞を6度獲得した選手が、キャリアの途中で内野にコンバートされるなんて前代未聞ですよね。内野から外野のコンバートは結構ありますけど。内外野でゴールドグラブ賞を獲るかもしれませんよ。

昨年は「40本塁打・70盗塁」のパワー＆スピードの野球を体現したアクーニャJr.（ブレーブス）

福島　それだけ高い身体能力を持っているんだよね。エンゼルス時代はトラウトと大谷選手がよきライバル関係だったけれど、ドジャースではベッツと大谷選手でしょうね。

村田　「トラウタニ」的なフレーズをつくるとしたら、どうなるんですかね。

福島　「ベッタニ」になっちゃうんだけど（笑）

ケチャップ　おいしい漬物みたいだね（笑）。

村田　いずれにしても、ベッツ、フリーマンの注目度は格段に上がるでしょう。フリーマンの息子さんのチャーリーくん[3]がね……。

ケチャップ　そのネタ、好きだよねえ。

村田　チャーリーくんは日本でもこれまで以上にSNSで取り上げられまくるでしょうから、日本で人気者になると思います。

ケチャップ　ベッツは日本で人気が出るだろうね。彼はポッドキャストでホストを務め[4]ているんです。その内容が面白い。シーズン中にトラウトをはじめ、さまざまな選手を普通にゲストに呼んで、さらに普通に「お前、あのときどうだったんだよ。アハハ」ってやってる（笑）。

村田　ワールドシリーズ期間中にMLBのアンバサダーとして、グラウンドに入ってインタビューとかもしていたんですよね。ドジャースファンに「いや、そんなことしている暇があったら、自分のチームをワールドシリーズに連れていけ」と叩かれていましたが（笑）。

ケチャップ　すごくハッピーな人柄だから、キャラクターもすごくいい。

福島　そうなってくると、打順は大谷選手は3番じゃなくて、1番・ベッツ、2番・大谷の「ベッタニ」もいい。

村田　その2人を3番・フリーマンと4番・スミスが打って還す。そして、残った走者はマンシーがドカーン！

福島　いやあ、これほど超ド級のドリームチームはないなあ。

三冠王への難関は 安打製造機アラエス

村田　フリーマンもとてもすごい選手なのですが、キャラクター的にめちゃめちゃ真面目で地味なんです。

ケチャップ　お母さんがカナダ人だから、WBCではカナダ代表でした。皮膚がんで亡

2　WAR
Wins Above Replacementの略。選手の価値をはかる指標で、代替可能な選手と比較し、走攻守および投球の指標値を合算してチームの勝利数を何勝分上積みしたかを示す。4でオールスター級、6でトップクラス。昨季に大谷がマークした10・1は規格外といえる

3　チャーリーくん
フリーマンの長男で、2歳だった2018年におしゃぶりをくわえながら力強いティー打撃を行う動画が話題に。以来、SNSで大人気を博している

4　ポッドキャストでホストを務めている
米スポーツ専門メディア「ブリーチャー・レポート」のポッドキャスト番組「オンベース・ウィズ・ムーキー・ベッツ」

くなったお母さんのために、全試合長袖でプレーしている。打撃フォームは、まるでテニスのバックハンドみたいなんです。両リーグ首位打者のアラエス（マーリンズ）も同じような感じで打つよね。

福島　フリーマンは少年時代、カナダの国技・アイスホッケーの選手だったから、左打ちでスラップショットのような打ち方が得意なんだよ。

村田　フリーマンは、新型コロナウイルス感染拡大の影響でシーズン短縮になった2020年はコロナに感染。それも開幕前の7月[5]に、40度を超えるほどの高熱が出て、生きるか死ぬかくらいの重症だったそう。何とか開幕に間に合わせると、打ちまくってMVPになった。2021年オフにブレーブスとの交渉が難航していた時期に、球団側はフリーマンをあきらめて、オルソンをトレードで獲得してきました。そこでドジャースは、ブレーブスが彼に提示していた5年契約に1年プラスして、契約がまとまったんです。

ケチャップ　もめていたもんなあ。オルソンにしろ、昨年ブレーブスでオールスターに選ばれた捕手のショーン・マーフィーにしろ、みんな〝オークランド産〟なんだよ。アスレチックスは、経験を積ませることが上手なんだね。

村田　不思議なものですよ。エンゼルスが2019年のオフ、レンドンを獲ってもストラスバーグを獲ったとしても、2人とも故障でだめだったという選択を強いられていたのに、ブレーブスはオルソンを獲ってもフリーマンを獲っても大成功だった。巡り合わせは、本当に不思議です。

福島　大谷選手が三冠王を目指すうえで、最大の難関はアラエス。2022年はア・リーグのツインズで首位打者となり、昨年はマーリンズで首位打者。2年連続で両リーグ首位打者という史上初の快挙を成し遂げました。しかも、6月下旬まで打率4割以上の打者。このメジャー最高の打者がいる限りは、なかなかナ・リーグで三冠王というのはハードルが高いかもしれないなあ。

昨季打率3割5分4厘をマークしたルイス・アラエス（マーリンズ）

2024年 大谷の本塁打争いライバル候補

※年齢は2024年1月1日時点

選手	年齢	所属	過去の主要獲得タイトル
ロナルド・アクーニャJr.	26	ブレーブス	盗塁王2度（2019、23年）、MVP1度（2023年）
ムーキー・ベッツ	31	ドジャース	首位打者1度（2018年）、MVP1度（2018年）
フレディ・フリーマン	34	ドジャース	MVP1度（2020年）
マット・オルソン	29	ブレーブス	本塁打王1度（2023年）、打点王1度（2023年）
ブライス・ハーパー	31	フィリーズ	本塁打王1度（2015年）、MVP2度（2015、21年）
トレイ・ターナー	30	フィリーズ	首位打者1度（2021年）、盗塁王2度（2018、21年）
オースティン・ライリー	26	ブレーブス	ー
カイル・シュワーバー	30	フィリーズ	本塁打王1度（2022年）
ピート・アロンソ	29	メッツ	本塁打王1度（2019年）、打点王1度（2022年）

5 開幕前の7月
当初の開幕は3月27日予定だったが、新型コロナウイルス感染拡大の影響で7月23日に延期された

福島良一×村田洋輔×DJケチャップ

日本人選手の活躍を大予想

山本がド軍に

3年連続「投手四冠」が投手史上最高額でド軍入り
"日本最強投手"は何勝できるのか?

ドジャース入団会見に臨んだ山本

3億2500万ドルはヤ軍のエース超え

ケチャップ　僕は山本由伸投手の移籍先は、ずっと前から100%ドジャースだと信じていました!

村田　ヤンキース、メッツが本命と言われるなかでも(笑)。

福島　一報を聞いたときは、まさかと思いました。現地では、確かに大谷選手と山本投手の「ダブル獲り」という報道もあったけれど……。

村田　ヤンキースが有力かなと思っていましたが、「そっちを選んだか」という感じです。ニューヨークでやるより、大谷選手と一緒にやることを選んだのかなという印象を受けました。

ケチャップ　僕もそう思います。ヤンキースが本気だったので、かなり悩んだんじゃないかな。

福島　現地では、もともと山本投手は西海岸、かつ日本人選手がいるチームを希望していると報道がありました。一番の決め手は、きっと大谷選手の存在でしょうね。山本投手に限らず、世界最高のスーパースターである大谷選手と一緒にプレーすることは、いまやメジャーリーガーみんなの夢なのでしょう。

僕は、大谷選手がドジャースへ行ったからヤンキースかもと思ったんだけどな。だって、夢はワールドシリーズの黄金カード、ヤンキースVS.ドジャースで山本投手、大谷選手の対決ですよ。2人の対決が見たかった……。

ケチャップ　いまだに巨人VS.阪神の想定ですよね（笑）。

福島　いや、それが全米では一番盛り上がるんだって。

村田　ドジャースは昨年のWBCのキャンプにフリードマン編成本部長が来るくらい、日本の選手に対して熱心ですからね。

福島　僕の希望としては、同じチームに複数の日本人選手がいてほしくないんです。できるだけ多くのチームに日本人選手がいてほしいし、日本人同士の対決や投げ合いを楽しみにしたい。それによって1チームだけでなく、いろいろなチームのファンが増えるから。

　メッツには〝お化けフォーク〟[1]で華々しいメジャー1年目を飾った千賀滉大[2]投手がいるわけだし、できればニューヨークの「サブウェーシリーズ」で2人の投げ合いも見たかった。

村田　僕は、山本投手がどこへ行っても楽しめると思っていました。ドジャースで大谷選手と山本投手が一緒にプレーしても「夢のコンビ」として面白いし、メッツで千賀投手と山本投手がダブルエースになるのもいい。それこそ、スター選手をずっと欲しがっているジャイアンツに行くのも面白い。ヤンキースに行って、コールと山本投手の二枚看板みたいな感じになるのもよかったですけどね。

福島　いずれにしても、山本投手は世界トップクラスの先発投手であり、メジャーに行っても球界のエース的存在。最初、契約は最低2億ドル（約290億円）といわれていたけれど、そのうち3億ドル（約435億円）という、とんでもない金額が出てきました。その金額を出せるチームは、もうヤンキースかメッツかドジャースしかないと思っていたら、何とドジャースが大谷選手とダブル獲得！

村田　12年契約で3億2500万ドル（約471億円）。メジャーで3億ドル投手といえば、昨年サイ・ヤング賞のコール（ヤンキース）しかいなかったんですよ。コールの9年3億2400万ドルを抜いて、二刀流の大谷選手を除いて投手では史上最高額。最高の評価をされた証しです。

山本加入も ド軍の先発陣に不安

福島　いやあ、昨季100勝したチームが大谷選手と山本投手を獲ったんですよ。今年は一体、いくつ勝つんだろう。

村田　ただし、ドジャースの先発はまだ足りていないと思います。まず、山本投手に関しては1年目から中4日では投げられないので、年間30先発もできないのではないかと。

　トレードで獲得した先発右腕グラスノーにしても、キャリアハイは120イニング。まだ規定投球回に一度も達したことのない投手なんです。あまり期待し過ぎないほうがいいなと思っています。

　同じ先発で、2019年、2021年にオールスターに選ばれたウォーカー・ビューラー[3]も、トミー・ジョン手術からの復帰1年目ということを考えると、手術前のようなフル稼働は計算できない。山本投手、グラスノーに加え、本当はもう1人くらいフルシーズンで先発ローテーションを守れるような投手が欲しい感じです。

福島　確かにその通り。規定投球回数以上投げられる投手が何人もいれば十分なのだけど、今のドジャースの先発陣は、果たして規定投球回数に足りる投手がいるかどうかから考えると、5人ではなく6人くらい必要ですね。

村田　昨年、チームで最もイニング数を投げた投手がカーショウで、130イニングぐらいしか投げてない。とはいえ、それでチームとして100勝以上しているので、そん

1 お化けフォーク
威力抜群のストレートに加え、フォークの落差が大きいことから、ソフトバンク時代に名付けられた。メジャー移籍後は、現地で「Ghost Fork（ゴースト・フォーク）」と呼ばれる

2 千賀滉大
福岡ソフトバンクホークスから昨季にメッツへ移籍。29試合登板で12勝7敗、防御率2・98

3 ウォーカー・ビューラー
オールスター2度選出の右腕。2021年は33試合登板で16勝4敗、防御率2・47も、翌22年に2度目のトミー・ジョン手術。今季は復活を期す

なに不安ではないのかもしれませんが、ともに昨年トミー・ジョン手術を受けたダスティン・メイ、トニー・ゴンソリンは、今年の大半は投げられない。やはり先発の頭数としては足りてないなという印象はあります。

ヤンキースの泣きどころ「コール超え」はNG

村田　山本投手は、もちろん今年の戦力としてもそうですし、まだ25歳という若さなので、今後長きにわたって先発ローテーションの一角を担ってほしい存在でしょう。

福島　しかし、12年という契約年数には驚いたな。2019年12月にヤンキースがコールと9年契約を結んだとき、現地メディアが「先発投手は予測できない」と苦言を呈するなど賛否両論があった。それだけに、12年契約は信じられなかった。

ケチャップ　確かにまだ1球もメジャーで投げたことがない投手に12年ですからね。ドジャースとしては本当に欲しかったのだろうし、大谷選手の助言も入っているんだろうなと思います。大谷選手の契約が10年じゃなかったら、山本投手の12年という契約はなかったのでは。

村田　僕も「12年」には驚きましたね。10年という噂はありましたが、実際に12年になって、契約総額でもコールを超えて、純粋な投手としては史上最高額になった。この金額を出すチームが実際にあったんだという驚きはありました。

　ヤンキースには、コール以上の条件は出せないというハンディはあったのです。最初にいわれていた2億ドル（約290億円）くらいの争奪戦だったら、ヤンキースにも十分勝機はあったと思いますが、3億ドルのラインまで上がってしまって、「コール超え」という決着になってしまった以上、ヤンキースには不利な展開になりましたね。

　コールは昨季のサイ・ヤング賞投手ですし、2020年にアストロズから移籍して以来、丸4シーズンにわたってフル稼働して、エースとして、MLBでも最高クラスの投手として活躍している。さすがにコールのプライドを傷つけるわけにもいかないし、メンツを立てなければいけないという考えはあったでしょう。

福島　ア・リーグ最高の投手を超える金額は、コールのプライドを傷つける。それは絶対にできないというのはよくわかります。

ケチャップ　これだけ払うということは、それほどまでにNPB選手の価値が上がっているんだろうね。

村田　大谷選手の存在もそうですし、昨季は千賀投手がチームトップの12勝、防御率はリーグ2位という活躍も大きかったと思います。

ケチャップ　アメリカの野球は日本の投手力をかなり評価していることがよくわかるね。

福島　あとは、やっぱり昨年3月に行われたWBC。世界一に輝いた日本の投手陣は、世界全体を見てもトップクラスですからね。

名実ともに史上最高の日本人コンビ

村田　これまでも同じチームに日本人選手が複数所属したことはあるけれど、インパクトで言ったら、今回がおそらくトップですよね。

福島　名実ともに史上最高の日本人コンビでしょう。

ケチャップ　以前は、マリナーズに「〝大魔神〟佐々木主浩・イチロー・長谷川滋利」の3人がいた時代[4]もありました。

村田　レッドソックスでワールドチャンピオンになったペアは、2007年の「松坂大輔・岡島秀樹」、2013年の「上原浩治・田沢純一」ですね。

福島　日本人の先発コンビでは2002〜2004年のドジャースで「野茂英雄・石井一久」[5]ですね。あとは2014年のヤンキースで「黒田博樹・田中将大」[6]かな。

4 3人がいた時代
2002年に長谷川がエンゼルスからマリナーズへ移籍し、イチロー、佐々木と合わせて3人が在籍。前年には3人ともオールスター選出

5 野茂英雄・石井一久
2002年、石井はヤクルトからドジャースへ移籍。同年に野茂はレッドソックスから古巣ドジャース復帰。石井は14勝、野茂は16勝でともに2桁勝利

6 黒田博樹・田中将大
2014年、田中が東北楽天ゴールデンイーグルスから移籍して16勝を挙げ、黒田もドジャース時代の10年から5年連続2桁勝利。ともに先発ローテーションの核となった

村田　2008年には黒田博樹さんと斎藤隆さんが、日本人投手史上初の同一試合勝利投手・セーブをマークした試合もありましたね。

「千賀方式」で1年目は中5～6日？

ケチャップ　勝てるチームだし、山本投手は15勝はするんじゃないかな。

村田　千賀投手が昨シーズン、NPBからMLBに行った1年目の投手をどのように起用すればいいか、というスタンダードをメッツと一緒につくったように思います。

中4日では投げずに中5日、中6日と間隔を空ける。昨年の千賀投手が29試合に登板したように、山本投手もひょっとしたらシーズン30試合も投げないかもしれないです。

ケチャップ　メジャーは中4日が通例でしたが、これからはアメリカも中5日、中6日に戻っていくんじゃないですか。もう中4日は投手のコンディション的にしんどいから。

裏地が派手だと話題になった山本のスーツ姿。靴下がスポーツ用だったことも話題に

福島　確かに、先発投手を一時的に5人から6人に増やすチームも増えています。

村田　山本投手には、今シーズンの千賀投手のように防御率2点台（2・98）で2桁勝利（12勝）を挙げる可能性は十分にあるでしょう。

ですが、どちらかといえば投手有利の本拠地球場であるドジャース入りが決まったので、1年目から好成績を挙げる可能性がより高まったと言えます。

ケチャップ　あとは捕手との相性だろうね。山本投手はオリックス・バファローズでずっとコンビを組んでいた若月[7]健矢捕手とだからこそ、ずっとうまくいったところもある

7 若月健矢
花咲徳栄高校（埼玉）から2013年ドラフト3位でオリックス・バファローズ入団。16年から一軍に定着し、山本とは21年から3年連続で最優秀バッテリー賞を獲得した

かもしれない。千賀投手は、捕手のフランシスコ・アルバレスと合っていた。メジャー新人同士だし。

勝てるチームに行って、日本人にちゃんとリスペクトを持ってくれる捕手と出会えるかどうか。これは運だよね。

ドジャースの正捕手には打撃がいいスミス、そしてカーショウの女房役バーンズがいる。ドジャース以外だったら、今オフにパドレスへ移籍したばかりの日系人捕手、カイル・ヒガシオカ[8]と組んでも面白かったかも。

福島　パドレスにはエースのダルビッシュ投手もいるし。

村田　パドレスはお金がないので、山本投手の獲得は無理だったでしょう。全然お金がないんですよ。

あと、大谷選手獲得用にプールしておいた〝大谷マネー〟で、ブルージェイズが山本投手を獲りにいくのではという噂もありましたよね。実現していたら、捕手はアレハンドロ・カーク[9]でした。

山本投手の行き先として福島さんが推していたヤンキースも、正捕手候補がプロスペクトの24歳、オースティン・ウェルズ[10]なので、ちょっと心配な環境ではありました。サブの捕手に31歳のホセ・トレビーノ[11]がいるんですけど。

ケチャップ　捕手によって左右されるところもあるからなあ。トルネード旋風[12]を巻き起こした野茂さんとバッテリーを組んだピアザはどうだったんですか？

福島　強打の捕手で、守備の評価は低かったんです。実際にうまいとは言えず、肩も弱かった。

村田　山本投手獲得について、メディアで報道されている球団はヤンキース、メッツのニューヨーク2球団が先頭を走っていて、次にドジャース、ジャイアンツ、その次がカブス、次の次がブルージェイズ、レッドソックス。

福島　球界全体における競争力のバランスを考えると、ドジャースより、むしろヤンキースかジャイアンツに行ってほしかった……。

ケチャップ　もう巨人・阪神の時代じゃないんですよ（笑）。今はブレーブス、フィリーズの時代ですよ。いつまでドジャース、ヤンキースと言っているんですか（笑）。

8 カイル・ヒガシオカ
ヤンキースで田中将大（楽天）とバッテリーを組んだ日系4世。昨季は自己最多の92試合に出場していた

9 アレハンドロ・カーク
2022年から正捕手となり、同年オールスター選出、シルバースラッガー賞受賞

10 オースティン・ウェルズ
メジャーデビューした昨季は19試合出場、打率2割2分9厘、4本塁打、13打点

11 ホセ・トレビーノ
2022年にレンジャーズからヤンキースへ移籍。同年は115試合出場

福島　いやいや、あくまでもア、ナ両リーグ、東中西各地区の状況などを考えて言ってるんですよ。
　いずれにしても、山本投手はドジャースのみならず、球界のエース。オリックス時代のようにタイトル獲得、サイ・ヤング賞に輝く存在です。

日本人投手のC・ヤング賞の可能性

ケチャップ　今年の千賀投手は、もし成績が下がるとしても、ちょっとだけだと思うし、上がるとしたら一気にブレークしそうな気がするな。
福島　ただし、エースとなった千賀投手には中5日以上でなく中4日の登板が求められます。
村田　サイ・ヤング賞でいえば、ダルビッシュ有投手、岩隈久志さんが同じ2013年にファイナリストになったことがありましたね。
ケチャップ　短縮シーズンの2020年には、ダルビッシュ投手と前田投手が最終選考（それぞれ得票リーグ2位）まで残っています。
村田　日本人のサイ・ヤング賞投手が誕生する日も近いかもしれないですよ。ただし、昨年のコールのように中4日で200イニング投げるという投手がいると、160イニングそこそこではサイ・ヤング賞獲得に関しては戦えない。
ケチャップ　日本だと、次のカードで投げる先発投手は遠征に行かない場合があるけれど、メジャーは遠征同行なんですよ。
村田　アクティブ・ロースターに入っている選手は全試合同行ですからね。
ケチャップ　アメリカは国内で時差もあるし、移動に結構やられちゃうよね。山本投手がそういう面でアジャストできれば、メジャー1年目は楽しみだなあ。

2023年 日本人投手成績

選手	所属	試合	先発	投球回	勝	敗	完投	完封	勝率	被安打	被本塁打	奪三振	与四球	与死球	失点	自責	被打率	QS	防御率	WHIP
大谷翔平	エンゼルス	23	23	132.0	10	5	1	1	.667	85	18	167	55	11	50	46	.184	52.2	3.14	1.06
ダルビッシュ有	パドレス	24	24	136.1	8	10	0	0	.444	134	18	141	43	8	71	69	.259	41.7	4.56	1.30
千賀滉大	メッツ	29	29	166.1	12	7	0	0	.632	126	17	202	77	5	60	55	.208	55.2	2.98	1.22
菊池雄星	ブルージェイズ	32	32	167.2	11	6	0	0	.647	165	27	181	48	4	78	72	.255	28.1	3.86	1.27
前田健太	ツインズ	21	20	104.1	6	8	0	0	.429	94	17	117	28	3	50	49	.239	30.0	4.23	1.17
藤浪晋太郎	アスレチックス/オリオールズ	64	7	79.0	7	8	0	0	.467	73	9	83	45	7	65	63	.242	14.3	7.18	1.49

※MLB公式参照。QSは小数第2位を四捨五入

2023 日本人打者成績

選手	所属	試合	打席	打数	得点	安打	二塁打	三塁打	本塁打	打点	四球	死球	三振	盗塁	打率	出塁率	長打率	OPS
大谷翔平	エンゼルス	135	599	497	102	151	26	8	44	95	91	3	143	20	.304	.412	.654	1.066
吉田正尚	レッドソックス	140	580	537	71	155	33	3	15	72	34	7	81	8	.289	.338	.445	.783
鈴木誠也	カブス	138	583	515	75	147	31	6	20	74	59	2	130	6	.285	.357	.485	.842
ラーズ・ヌートバー	カージナルス	117	503	426	74	111	23	1	14	46	72	1	99	11	.261	.367	.418	.785

※MLB公式参照

12 トルネード旋風
野茂の1995年メジャー移籍後の活躍を意味する通称。背中を打者に向ける投球フォームは近鉄バファローズ時代に「トルネード投法」と名付けられていた

ドジャースを知るためのキーワード 8

11年連続ポストシーズン進出

ＭＬＢ歴代３位の大記録もワールドシリーズ制覇は１度。今季は４年ぶりの頂点を目指す

ドジャースは２０１３年から11年連続でポストシーズンに進出しているが、これは歴代３位の大記録である。ペイロールが倍増された２０１３年以降、球界を代表する強豪チームとしての地位を維持し続けている。

２０１３年はクレイトン・カーショウとザック・グレインキーを中心とした投手陣がリーグ２位の防御率３・25をマークし、92勝70敗で地区優勝。しかし、ポストシーズンではリーグ優勝決定シリーズでカージナルスに敗れた（２勝４敗）。２０１４年は94勝68敗で地区２連覇するも、地区シリーズでまたもカージナルスに敗北（１勝３敗）。２０１５年はカーショウが16勝７敗、防御率２・13、３０１奪三振、グレインキーが19勝３敗、防御率１・66、２００奪三振と大活躍して地区３連覇したが、地区シリーズでメッツに敗れ（２勝３敗）、ドン・マティングリー監督は契約を１年残して辞任した。

デーブ・ロバーツ監督が就任した２０１６年は前田健太がチーム最多の16勝を挙げる活躍を見せ、91勝71敗で地区４連覇したが、リーグ優勝決定シリーズでカブスに敗北（２勝４敗）。２０１７年はロサンゼルス移転後最多（当時）の１０４勝を挙げて地区５連覇するも、ワールドシリーズではサイン盗みをしていたといわれるアストロズに敗れた（３勝４敗）。

2020年に32年ぶりのワールドシリーズ制覇

２０１８年は92勝71敗で地区６連覇して２年連続でワールドシリーズに進出したが、レッドソックスに敗北（１勝４敗）。２０１９年はＭＶＰのコディ・ベリンジャーの大活躍もあり、球団新記録（当時）の１０６勝で地区７連覇したが、地区シリーズでナショナルズに敗れた（２勝３敗）。短縮シーズンの２０２０年は勝率７割を超える快進撃で地区８連覇。ポストシーズンも順調に勝ち上がり、１９８８年以来32年ぶりのワールドシリーズ制覇を成し遂げた。

２０２１年は球団タイ記録（当時）の１０６勝を挙げたが、ジャイアンツが１０７勝したため、連覇がストップ。ワイルドカードで出場したポストシーズンではリーグ優勝決定シリーズでブレーブスに敗れた（２勝４敗）。２０２２年は球団記録を大きく更新する１１１勝を挙げ、２年ぶりに地区優勝するも、地区シリーズでパドレスに敗北（１勝３敗）。そして２０２３年は３年連続のシーズン１００勝を達成し、地区２連覇したが、地区シリーズでダイヤモンドバックスにスイープ負けを喫した。

11年連続でポストシーズンに進出しているものの、ワールドシリーズ制覇は２０２０年の１度だけ。球団幹部は「この10年間を成功だと思っていない」と発言しており、球団史上８度目の頂点を目指し、ドジャースの挑戦は続いていく。

年	勝利	敗戦	勝率	順位	ポストシーズン
2013年	92	70	.568	1	リーグチャンピオンシップシリーズ敗退
2014年	94	68	.580	1	地区シリーズ敗退
2015年	92	70	.568	1	地区シリーズ敗退
2016年	91	71	.562	1	リーグチャンピオンシップシリーズ敗退
2017年	104	58	.642	1	ワールドシリーズ敗退
2018年	92	71	.564	1	ワールドシリーズ敗退
2019年	106	56	.654	1	地区シリーズ敗退
2020年	43	17	.717	1	ワールドシリーズ優勝
2021年	106	56	.654	2	リーグチャンピオンシップシリーズ敗退
2022年	111	51	.685	1	地区シリーズ敗退
2023年	100	62	.617	1	地区シリーズ敗退

※順位は地区

文／村田洋輔

新加入選手

今永は千賀、松井はダル、上沢はマエケンに学ぶべし

「高評価」投手陣に〝メジャーの壁〟

今永の道しるべは 同じ左腕の菊池雄星

村田　今永昇太投手も、おそらくＷＢＣでのピッチングも含めて評価が上がっている部分もあると思います。昨季１年目から千賀投手が活躍したことで、ＮＰＢ出身の投手の評価が上がっています。

ケチャップ　ＷＢＣ決勝の勝利投手ですからね。

村田　今永投手も、最初は２０２２年の千賀投手くらいの契約じゃないかといわれていましたが、今では1億ドル（１４５億円）までいってもおかしくないくらいの雰囲気になり始めています。

福島　この本が出る頃には決まっているけれど、今永投手にはドジャースのライバル球団に行ってほしいな。とはいえ、どのチームに行っても、先発３番手か４番手として期待されていると思いますよ。左の先発投手は貴重ですから。

ケチャップ　ストレートは最速１５４キロだし、有効なチェンジアップがある。コントロールはいい。懸念材料を挙げるとすれば、被本塁打率の高さかな。

　メジャーの日本人左投手でいえば、菊池雄星投手（ブルージェイズ）の昨年の成績が目安になるんじゃないかな。シーズンを通して先発ローテーションに起用されて32試合登板で１６７・２イニング、11勝6敗、防御率３・86。

村田　年間を通して先発ローテーションに入ることができたら上々です。ただ、メジャーのなかに入ると球威で勝負できるタイプではないので、ストライクゾーンに球が集まり過ぎて、本塁打を打たれる展開が一番怖い。

　あとは、ＮＰＢの先発投手は今、年間に25試合も投げてないんですよね。25試合も投げたら「すごいね」と言われる世界。このオフにメジャー移籍を予定する先発投手では、山本投手は１６４イニング、今永投手は１４８イニング。およそ１５０～１６０イニングぐらいしか投げていない。

　千賀投手もメッツで１６６イニングほどでしたが、それくらいの労働量となると、サイ・ヤング賞の投票で上位にいくのはなかなか難しい。千賀投手も防御率はリーグ２位で、２００奪三振という十二分の成績を残しましたが、サイ・ヤング賞の投票では７位でした。

福島　菊池投手のように、２桁勝利と規定投球回を達成すれば上出来。千賀投手はメッツと５年総額７５００万ドル（約１０９億円）で契約しま

したが、今永投手はそれをはるかに超える1億ドル以上の契約が見込まれています。そうなれば、このオフで「1億ドル」選手は、大谷選手、山本選手に続いて日本人3人になります。

松井はパドレス
右打者封じで活路

ケチャップ　パドレス入りが決まった松井裕樹投手もダルビッシュ投手がいたから、というふうに考えたのではないかな。松井投手はWBCのとき、滑りやすいメジャー球にかなり苦労していた部分もあった。ダルビッシュ投手がすごくサポートしてくれていたし、かなり心強かったのではないかなと思います。

福島　確かに松井投手にとって、ダルビッシュ投手の存在が一番大きく、全面的にダルビッシュ投手が松井投手をサポートしてくれると思う。そういった意味では、一番いいチームを選んだと思いますね。

ケチャップ　昨年にメジャーに新しいルール[1]が導入されて、投手はピッチクロック[2]にも対応しなければいけない。いろいろ大変ですよね。

村田　松井投手はWBCで1試合登板にとどまりましたが、左のリリーフは貴重な役割なので獲得するチームはあると思っていました。

ケチャップ　最初はセットアッパーからかなあ。

福島　パドレスでは新クローザー候補、ロベルト・スアレス（元阪神）につなぐ左の中継ぎとして期待されています。しかし、クローザーでも活躍できると思いますよ。だって彼は、右打者に強いから。

　メジャーでは2020年以降、投手のワンポイント起用が禁止になった。それによって左のリリーフ投手は需要が低くなったけれど、松井投手の特徴は、左でありながらも右打者を抑えられること。だから、メジャーでの評価が高くなっているんです。不安材料といわれるコントロールについても大丈夫ですよ。

ケチャップ　あのカーブが利くような気がしますね。メジャーでも、最近またカーブが見直されていますから。

福島　右打者へのスライダーもいいでしょ。まだ28歳ですし、メジャーの公式球、環境に適応したら伸びしろがありますよ。

“元・松戸のダル”は
マエケンタイプに

村田　上沢直之投手もポスティング・システムによるメジャー移籍を希望しています。ただ、マイナー契約でも受け

昨年WBCで世界一となり、金メダルを手に記念撮影する松井（右）と山田哲人（ヤクルト）

1　新しいルール
従来15インチ（約38・1センチ）四方だったベースは18インチ（約45・7センチ）に変更され、塁間が約11・4センチ短くなった。また、極端な守備シフトも禁止に

2　ピッチクロック
昨季導入された時間制限措置。投手は、走者なしの場合はボールを受け取ってから15秒、走者ありの場合は20秒以内に投球動作に入らなければ、ボール宣告を受ける。打者と打者の間も30秒以内で、ペナルティーはストライク宣告

入れるという意味の発言をしてしまったことは契約交渉としては悪手だったといわれています。最初の段階で、ボトムラインを出してしまったわけですから。

福島　僕は先発5番手として活躍してくれるんじゃないかと楽しみにしていますよ。右の長身投手でコントロールもいい。ストレートのスピンレートが高いっていうじゃないですか。それに、専大松戸高校時代は「松戸のダルビッシュ」って言われたくらいだし。

ケチャップ　今から世界に打って出るのに、それだと千葉の周りだけになっちゃうじゃないですか（笑）。

村田　パワー野球のなかで、ストレートの平均が150キロに満たないとなると、なかなか難しいという見方もされています。

ケチャップ　パワーピッチではないところでメジャーで勝負している投手といえば、前田健太投手。出し入れがうまいよねえ。前田投手はメジャーにアジャストしていくなかで今のスタイルをつくり上げてきた。上沢投手みたいなタイプは、ああいう感じにできれば理想じゃないでしょうか。

WBC決勝で先発した今永も評価が急上昇

2024年メジャー挑戦を表明したNPB選手

選手 位置	年齢	身長 体重 投打	NPB	移籍先	契約内容	2023年成績	獲得タイトル
山本由伸 （投手）	25	178 80 右右	オリックス	ドジャース	12年総額 3億2500万ドル （約471億円）	23試合登板 16勝6敗、 防御率1.21	最多勝3度（2021～23年） 最優秀防御率4度（2019、21～23年） 最多奪三振4度（2020～23年） 最高勝率3度（2021～23年） 沢村賞3度（2021～23年）など
今永昇太 （投手）	30	178 86 左左	DeNA	24年1月 にも決定	ヤンキース、 メッツ、 レッドソックス などが興味	22試合登板 7勝4敗、 防御率2.80	最多奪三振1度（23年）
松井裕樹 （投手）	28	174 74 左左	楽天	パドレス	5年 2800万ドル （約41億円）	59試合登板 2勝3敗39セーブ、 8ホールド、 10ホールドポイント、 防御率1.57	最多セーブ3度（2019、22、23年）
上沢直之 （投手）	29	187 88 右右	日本ハム	24年1月 にも決定	オリオールズ、 レイズが興味	24試合登板 9勝9敗、 防御率2.96	－

※年齢は2024年1月1日時点、1ドル=145円換算

VS.大谷

今年は夢の日本人対決がめじろ押し！ ついに実現!!「大谷VS.ダル」初対決

ダルと大谷の夢対決 開幕戦で実現か？

福島　僕は山本投手がヤンキースに行くと思っていたので、あのヤンキー・スタジアムで最高のカード、ヤンキースVS.ドジャースで山本VS.大谷を見るのを楽しみにしていました。でも、山本投手は12年、大谷選手は10年と、ドジャースとそれぞれ長期契約を結んじゃった。

ケチャップ　また言いましたね（笑）。もう、福島さんは「巨人・大鵬・卵焼き」[1]の時代を知っているから。

福島　いやあ、これを見ることができたら、いつ死んでもいいと思っていたんだよ。

ケチャップ　またあ（笑）。すぐ「いつ死んでもいい」って言うんだから。

村田　大谷選手と一番対戦が多い投手は、同じナ・リーグ西地区のパドレスに決まった松井投手かもしれないですよ。左対左で当てられる可能性がありますから。

福島　この本が出る頃には決まっているだろうけど、あとはジャイアンツが今永投手を獲得して、ドジャースVS.ジャイアンツという因縁のライバル対決もいいなあ。

ケチャップ　一番面白いのはナ・リーグ西地区同士のパドレスVS.ドジャース、つまりダルビッシュ投手VS.大谷選手でしょう。対戦回数も多い可能性は高いですよ。

福島　それが一番見てみたい。これまで一度も対戦していないしね。チームもライバル関係にあり、最高に盛り上がりそう。

村田　この2チームは年間13試合は対戦するので、1、2回は対戦するチャンスはあるでしょうね。

福島　今年3月20日、メジャー史上初の韓国開幕戦でいきなり実現するかもしれない。

ケチャップ　ダルビッシュ投手のボールに力もあるけれど、たとえるなら「剛の大谷VS.柔のダル」。パワーヒッターの大谷選手と、うまく出し入れをするダルビッシュ投手の戦いは見応えがあるよね。ダルビッシュ投手はもちろん球も速いし、スライダーやツーシームがある。あの変化球を操る対決は面白いなあ。

「投手・大谷」の復活は2025年だけど、同じリーグになったから鈴木誠也選手のカブスとも対戦していきますよ。楽しみが増えた。

マイナーでも帰国せず 筒香の信念は野茂に通ず

福島　そういえば、このオフにメジャーからNPBに復帰した選手はいないね。

2 巨人・大鵬・卵焼き
1960年代に国民に好まれるものとして挙げられた三大要素。61年、通産省（当時）に入省していた堺屋太一氏が経済報告の会見で口にしたセリフで、流行語となった

昨年WBCでは日本代表の精神的支柱となったダルビッシュ（パドレス）

村田　FAは藤浪晋太郎投手だけかな。筒香選手もジャイアンツとマイナー契約しましたし。ケチャップさんは長年、横浜DeNAベイスターズのスタジアムDJを務めていたから、筒香選手に愛がありますよね。

ケチャップ　いやもう、めっちゃありますよ。きっと筒香選手は、選手としてNPBにはもう帰ってこないと思います。最後までアメリカでやりきるんじゃないかな。

筒香選手は自分の夢に対して、実直に生きているのだと思います。メジャーに憧れてやりきってきた。僕らが数字だけで判断するのはすごく失礼な部分で、彼はメジャーでプレーし続けるという最終的な夢はかなっていないけれど、世界の野球というものをたくさん体感しているから、彼自身はすごく充実しているんじゃないかな。[2]地元の和歌山県橋本市に球場をつくったじゃないですか。

活躍してお金を稼ぐことも大事ですが、そうではない部分で野球を楽しみ続けて、野球を通じて自分を成長している姿を僕らにずっと見せ続けてくれているんだなと思っているので、カッコいいですよ。

福島　何だか野茂英雄氏と同じマインドを感じますね。あの野茂氏がですよ、現役終盤[3]はもうボロボロになっても日本へ帰らず、マイナーで投げていましたから。現役最終年の2008年には、ロイヤルズとマイナー契約して背番号も91番、大きな番号をつけながら投げていました。

筒香選手も、生半可な気持ちでアメリカへ行っていないはず。アメリカでだめだったら日本に帰ればいいという選択肢がまったくないのでしょう。そこがいいんですよ。

ケチャップ　たぶん、今はイメージだけでメジャーでは使われていないけれど、実際に起用してくれたら、結果が出るんじゃないかなと思うんだけどなあ。あとはタイミングですよね。

村田　レンジャーズではチャンスがないと判断して、オプトアウトしましたよね。その後、米独立リーグへ行って、ジャイアンツに拾ってもらったという流れです。

40人枠外からのチャレンジになるので、オープン戦やマイナーでの試合でインパクトのある結果を残せるかどうか。そして、そのインパクトを残した瞬間に、上に空きがあるかというタイミングにも左右される。筒香選手とポジショ

2 地元の和歌山県橋本市に球場をつくった
昨年12月、和歌山県橋本市内に新球場「YOSHITOMO TSUTSUGO SPORTS ACADEMY」が完成。筒香が約2億円の私財を投じて建設したもので、エンゼルス、ドジャースと同じ天然芝を使用。室内練習場も併設

3 もうボロボロになっても日本へ帰らず、マイナーで投げていました
現役終盤の2004～06年はマイナーの試合にも登板。08年、ロイヤルズで現役最後のシーズンを終えた。メジャー通算323試合登板、123勝109敗、1918奪三振、防御率4・24

ンがかぶる一塁、外野の選手が故障者リストに入ったタイミングで、筒香選手の状態が上がっていれば、「じゃあ、上に上げましょう」となる。

あとはジャイアンツで最悪、開幕ロースターに入れなかったとしても、オープン戦で活躍していれば、ほかのチームから「開幕ロースターに入らないか」という声がかかる可能性もあるので、まずはオープン戦が大事です。

ケチャップ　昨年はレンジャーズとマイナー契約したけれど、レンジャーズは若い選手が出てきたからなあ。スイッチヒッターの外野手レオディ・タベラスはキャリアハイの99試合に出場したし、25歳の三塁手ジョシュ・ヤンは昨年にオールスターに初選出されたし。

福島　ジャイアンツは大谷選手獲得をあきらめたタイミングで筒香選手とマイナー契約ですから。そういった意味では、僕はドジャースvs.ジャイアンツの伝統の一戦で、大谷選手と筒香選手の「左の強打者対決」が見たい。打倒・ドジャースの"BEAT LA!"[4]で大谷選手に負けない活躍を期待したいです。

昨年序盤はレンジャーズ3Aでプレーした筒香

「打者・大谷」のMLB日本人投手との対戦

年	月日	投手	当時所属	成績 ①	成績 ②	成績 ③
2018	5/27	田中将大	ヤンキース	三振	四球	三振
	7/6	前田健太	ドジャース	三振	遊飛	
2019	6/8	菊池雄星	マリナーズ	二安	一ゴ	左本
	6/11	前田健太	ドジャース	右本	三振	
	7/14	菊池雄星	マリナーズ	四球	三振	
	7/21	菊池雄星	マリナーズ	三振	ニゴ	左二
	7/23	前田健太	ドジャース	右安		
2020	8/30	平野佳寿	マリナーズ	右飛		
2021	4/19	有原航平	レンジャーズ	一併	中飛	
	6/5	菊池雄星	マリナーズ	中本	三振	
	7/17	菊池雄星	マリナーズ	遊飛	三振	三振
	7/22	前田健太	ツインズ	三振	ニゴ	三振
2022	5/3	澤村拓一	レッドソックス	三振		
	5/28	菊池雄星	ブルージェイズ	遊ゴ	三振	中飛
	8/26	菊池雄星	ブルージェイズ	一ゴ	ニゴ	
2023	4/1	藤浪晋太郎	アスレチックス	一ゴ	左安	
	4/9	菊池雄星	ブルージェイズ	一ゴ	中本	中前
	4/26	藤浪晋太郎	アスレチックス	左前		
	8/25	千賀滉大	メッツ	四球	右2	四球

4 BEAT LA!
「LAを倒せ」という意味のチャント。1982年のNBAで、ファイナル進出をかけたフィラデルフィア・76ers vs.ボストン・セルティックスの一戦が発祥とされる。76ersが敵地で薄氷の勝利を収めようとしたとき、ボストンのファンたちが「BEAT LA!」と連呼。76ersがファイナルで対戦する相手であるロサンゼルス・レイカーズを倒せ、という意味であり、ファンたちが76ersにスポーツマンシップにのっとったエールを送ったものだった

ドジャース対ヤンキース

両軍のライバル関係はドジャースがブルックリンを本拠地としていた時代までさかのぼる

東西の名門球団、ヤンキースとドジャース。ポストシーズンでは過去に11度対戦しており、これは歴代最多。所属リーグが違うため、もちろん11度の対戦はすべてワールドシリーズである。

両軍が初めて対戦したのは1941年。ヤンキースのジョー・ディマジオが56試合連続安打を達成したシーズンである。第2戦を終えてお互い1勝ずつだったが、ヤンキースが第3戦から3連勝。4勝1敗でドジャースを破った。

2度目の対戦は1947年。ドジャースのジャッキー・ロビンソンがデビューしたシーズンだ。6年前のリベンジを目指したドジャースだったが、またしてもヤンキースに敗れた（3勝4敗）。

ワールドシリーズでのドジャースvs.ヤンキース

1941年	ドジャース	1－4	ヤンキース
1947年	ドジャース	3－4	ヤンキース
1949年	ドジャース	1－4	ヤンキース
1952年	ドジャース	3－4	ヤンキース
1953年	ドジャース	2－4	ヤンキース
1955年	ドジャース	4－3	ヤンキース
1956年	ドジャース	3－4	ヤンキース
1963年	ドジャース	4－0	ヤンキース
1977年	ドジャース	2－4	ヤンキース
1978年	ドジャース	2－4	ヤンキース
1981年	ドジャース	4－2	ヤンキース

※1941～1956年はブルックリン・ドジャース

ヤンキースが1949年からの16シーズンでリーグ優勝14度という黄金期を迎えるなか、ドジャースも同期間に7度リーグ優勝し、両軍は6度も対戦。ドジャースは1949年（1勝4敗）、1952年（3勝4敗）、1953年（2勝4敗）と負け続け、ヤンキースにワールドシリーズ5連覇を許してしまったが、1955年に6度目の挑戦でヤンキースを破り（4勝3敗）、球団初のワールドシリーズ制覇を成し遂げた。1956年は第5戦でヤンキースのドン・ラーセンの前に完全試合を喫し、3勝4敗で敗北。1963年は1イニングもヤンキースにリードを許さず、4勝0敗で圧勝した。

インターリーグではヤ軍10勝、ド軍9勝

9度目の対戦は1977年。ヤンキースのレジー・ジャクソンが第6戦で3打席連続初球アーチを記録したことで知られるシリーズだ。この年は4勝2敗でヤンキースが勝利。翌1978年もヤンキースが4勝2敗で勝利したが、ワールドシリーズが2年連続で同じ対戦カードになったのは、この1977～78年が最後である。

そして、現時点で最後の対戦となっているのが1981年。シーズン途中に選手会によるストライキがあり、レギュラーシーズンが前後期制で行われる変則シーズンだった。両軍ともポストシーズンを勝ち上がり、ワールドシリーズで対戦。ドジャースは最初の2試合を落としたものの、第3戦から4連勝し、球団史上5度目のワールドシリーズ制覇を達成した。

ワールドシリーズでは通算11度対戦し、ヤンキースが8勝、ドジャースが3勝。なお、1977年からインターリーグが始まったため、レギュラーシーズンでも顔を合わせており、その通算成績はヤンキース10勝、ドジャース9勝となっている。

文／村田洋輔

記録

2年目の千賀には「サイ・ヤング賞」の可能性

〝不屈の男〟誠也に期待「3割・30発」

MLB12年目 年々進化するダル

ケチャップ　昨年のダルビッシュ投手は自己犠牲のWBCからのスタートだった。すごいよ。ベテランの年齢になってきたけれど、まだまだ野球がうまくなっているんじゃない？

村田　その経験や右肘のケガを経て、今年はまた新しい姿が見られるんじゃないかと思っています。

ケチャップ　力がモノを言うメジャーリーグのなかで、絶妙に力みを抜いたフォームとかメディアの対応も、すべてにおいて出来上がっている。いやあ、もう素敵だよねえ。

村田　今、この年齢の自分がどういうふうに振る舞うことがベストなのかをフィールドの内外でしっかり考えて表現できる人だと思います。

ケチャップ　2022年かな、僕がアメリカへ取材に行ったときに、ダルビッシュ投手は周囲から日本選手という認識をされていなかったように感じました。「日本から来たんだ」と言っても、「ああ、ダルビッシュ投手の取材だね」と誰も言ってくれなくて。名前の「ユー（有）」も英語っぽいですし。

村田　MLBにいて当たり前の存在になっているということですね。

ケチャップ　キャリアも長くなったけれど、衰えている感じがしない。あれ、福島さん、何を数えているんですか？

福島　（指を折りながら）メジャーは2012年からだから、今年でメジャーへ移籍して13年目か。2015年はトミー・ジョン手術で全休したけれど、本当に長いキャリアだ。

ケチャップ　えっ、13年目？　2012、2013、2014……。ホントだ。

福島　昨年からパドレスと6年間の契約延長をして、42歳までという異例の契約。まだ5年間残っている。今年は松井投手が同じパドレスに加入し、さらに同じナ・リーグ西地区のドジャースに大谷選手、山本投手が入ってきた。ライバル球団に日本人選手2人が入ったことも大きな刺激になるでしょう。

ケチャップ　大谷選手との関係性もよさそうだよね。ダルビッシュ投手は日本人メジャーリーガーの心のよりどころじゃない？

村田　プロ入り当初の様子からは、ベテランになって、こういう雰囲気になることがあまり想像できなかったです。

ケチャップ　いい奥さん[1]と出会えたんだろうね。ダルビッシュ投手には、WBCのとき

1 いい奥さん
レスリング元世界女王の山本（旧姓）聖子。世界選手権は1999年（51キロ級）、2000、01、03年（56キロ級）優勝。五輪は吉田沙保里に阻まれ出場ならず。13年に米女子代表チームのコーチに。翌14年、ダルビッシュとの交際を公表し、のちに結婚

だけじゃなくて「とてもお世話になったんです」と言っているNPBの選手もいるからね。

投球回増やせば サイ・ヤング賞も

ケチャップ　千賀投手はメッツ[2]1年目で大活躍でした。やっぱりコントロールがいいから安定しているし、大崩れしないから、見ていて楽しいよね。

村田　打者を圧倒する球速もあり、球種も持っている。パワーピッチングとして通用しています。最初は4点とかビッグイニングをつくられることもありましたが、後半からは本当によかった。

ケチャップ　頭がいいよね。アジャストできている。

MLB1年目でエース格の活躍を見せた千賀（メッツ）

村田　MLBトップクラスに打たれなかった〝お化けフォーク〟がありますから、今後は登板間隔を狭めていき、先発回数や投球イニング数を増やしつつ、ピッチングのクオリティを保てれば、サイ・ヤング賞争いに絡んでくる。

福島　いまやエースになった千賀投手に期待されるのは、中4日での先発登板。昨年は先発29試合のうち26試合が中5日以上の登板だったので、いかに中4日の回数を多くして投球回数を増やすか。そこがエースとしての課題ですね。

村田　千賀投手は日本時代にケガをしていますから、そのリスクも考慮しての起用法だったと思います。でも、チームで一番いい投手の回転率が一番低いと、チームとしても困ってしまう。

福島　もしヤンキースに山本投手が入っていたら、メッツと両球団に日本人のエース級がいて、さぞかしニューヨークは盛り上がったと思うんだよねえ。チームの好き嫌いとかでなく、球界全体のことを考えたらね。

メジャー屈指の先発陣で キャリアハイの雄星

村田　ブルージェイズの菊池投手は今年、3年契約のラストイヤーなので、今後のキャリアを左右する大事な1年になります。昨年は2桁勝利&初の規定投球回到達を果たしたので、さらに成績を上積みできれば、今年のシーズンオフはより好条件の契約ができる可能性もあります。

福島　ブルージェイズの先発投手陣はメジャー屈指なんですよ。2桁勝利の投手が4人もいて、規定投球回だって4人もいる。そのなかに菊池雄星が入っているわけですから。このまま行けばオフは明るいですよ。

ケチャップ　昨年はかなり腕を振って投げていて、自信に満ちているように見えました。もしかしたら、メンタル面だけが課題だったのかな。持っているものはやはりすごい。菊池選手は今年で32歳。ちょっとずつ引き出しを増やしていくピッチングにしていかなければならない年齢になってきた。彼もそこは考えているだろうから、今まであまり使っていなかった球種がハマったり、新しい部分が見えたりしたら、さらに楽しみですよね。

村田　ピッチクロックも菊池

2 1年目で大活躍
チームトップの12勝を挙げ、防御率2・98はリーグ2位。メジャー1年目での202奪三振は、日本人投手では野茂英雄（ドジャースなど）、松坂大輔（レッドソックスなど）、ダルビッシュ有（現・パドレス）に次いで4人目の200奪三振到達投手にいい方向で作用しましたからね。

マエケンの移籍は若手の「手本」

ケチャップ　前田投手は昨年4月、トミー・ジョン手術から1年8カ月ぶりにメジャー復帰を果たしました。21試合登板（うち先発20）で6勝8敗、防御率4・39。手術明けだから勝負は今年以降だと思っていたら、このオフにデトロイト・タイガースへ移籍しましたよね。2年総額2400万ドル（約35億円）の契約。野球への姿勢とかも買われて評価が高かったですよね。

福島　前田投手にとって、一番いいチームに移籍しました。タイガースは今年の優勝候補でもあります。

ケチャップ　前田投手は、きっとザック・グリンキー[3]みたいな立ち位置ですよね。過去にサイ・ヤング賞1度、最優秀防御率2度獲得の225勝右腕。年齢を重ねてからは、変化球や出し入れで勝負して、昨年でメジャー実働20年ですよ。「力だけじゃないんだよ。こういうピッチングもあるんだよ」というお手本のような存在。

福島　そうそう、いいね。日本のグリンキーだ。

村田　ピッチングの組み立てもそうですし、日々の取り組み方も全部を含め、若手のお手本になってほしいとスコット・ハリス編成本部長が言っていますからね。

福島　前田投手はドジャース、ツインズ時代に7年間で6度も地区優勝しています。ポストシーズンの経験も豊富だし、楽しみですね。

後半戦はOPS1超え誠也は3割30本も

ケチャップ　鈴木誠也選手も、よく頑張ったと思う。昨年は138試合出場で打率2割8分5厘、20本塁打、74打点。6月以降は打撃不振に陥って打率が一時落ち込んだ。もしかして、アメリカに残れなくなるんじゃないかなっていうくらい起用してもらえない時期があったから。

それが、シーズン終盤の2カ月間は打率3割5分6厘、11本塁打、OPSは1・086ですよ。すごい精神力だと思うし、あそこでズルズル行かずにもう一度自分を奮い立たせた。だから、今年はめっちゃ楽しみ。しかもカブスはチームとして上を狙えるでしょ。

村田　もうコンテンダー[4]と呼んで差し支えないようなチーム状態になっているので、そのチームの4番としてね。だから、今年こそは3割30本を目指してほしい。

ケチャップ　韓国ハンファからメジャー復帰したマイク・トークマンは左打者で、打率2割5分2厘。彼がよかった時期は鈴木選手もちょっときつかったと思うけれど、鈴木選手は調子の波を小さくしたら、絶対にすごいよね。

福島　あと本拠地でのカブスはデーゲームが多いので、昼間の試合で成績を上げれば松井秀喜さん、大谷選手に次いで日本人3人目、また日本人右打者では初の30本塁打も期待できます。

村田　昨年のカブスは、ドジャース時代の2019年にシーズンMVPを獲得したコディ・ベリンジャー（カブスFA）がいて、トークマンがいて、内外野をこなせてスイッチヒッターでもあるイアン・ハップ[5]がいたから、鈴木選手は対サウスポー要員に格下げされていた時期があったんですけど、夏場以降の大活躍でシルバースラッガー賞のファイナリストにもなりました。本当によく挽回しましたよね。

今年の吉田はDH起用増加か

ケチャップ　吉田正尚選手（レッドソックス）のメジャー1年目は、140試合出場で打率2割8分9厘、15本塁打、72打点。昨年3月30日のオリオールズ戦で「4番・左翼」でメジャー初出場を果た

3 ザック・グリンキー
メジャー通算20年のレジェンド右腕。キャリアのうち18年間は先発専門で、通算586試合登板、225勝156敗、防御率3・49。今オフにロイヤルズからFAとなった

4 コンテンダー
ポストシーズンに進出できる実力あるチーム。優勝候補

5 イアン・ハップ
2015年ドラフト1巡目（全体9位）でカブス入り。17年メジャーデビュー。昨季は2年連続ゴールドグラブ賞（外野手部門）

して、いきなり初安打初打点をマークして鮮烈なデビューを飾りました。ただ、後半は体力的にちょっとバテていたのかな。

レッドソックスには中堅手で打率2割9分5厘のジャレン・デュラン[6]とか、いい選手がいっぱい出てきているから、打率を残さないといけない。吉田選手は本当に必死だと思いますよ。今年は頑張ってほしいです。

村田　やっぱり〝打ってナンボ〟の選手なので、打撃ですよね。でも、メジャーを1年経験して、シーズンを通してのペース配分なども学べたと思います。

レッドソックスがこのオフ、カージナルスからゴールドグラブ賞を2年連続受賞したタイラー・オニール[7]を獲得したことから、今年の吉田選手は半分くらいDHなのではと思っているんです。この起用は体力面の助けになると思うので、あとはとにかく打つだけですね。

ケチャップ　昨年は主にDHで活躍していたジャスティン・ターナー[8]はFAになったけれど、レッドソックスと再契約はするのかな。ターナーが再契約すると吉田選手の出場機会が少し減っちゃうよね。

村田　再契約はしないかもしれないですね。ターナーが守れる三塁は、昨年33本塁打のラファエル・デバースが定着しましたし、一塁にはトリストン・カサスが同年132試合出場で台頭してきたので。

ケチャップ　カサスの出塁率が高い（3割6分7厘）からね。

村田　ターナーと再契約すると、フルでDHが埋まってしまいますからね。球団の野球部門最高責任者に、イェール大学出身の元選手クレイグ・ブレスローが新しく就任しました。

彼はどちらかといえば、DHをいろんな選手で回していきたいタイプのチームづくりをするみたいなので、ターナーの再契約はないとして、吉田選手もフルでDH固定はないと思います。

ケチャップ　中堅手のデュランは、とてもいい選手ですよね。スピードがある選手だから、彼で外野のポジション一つは埋まる。

村田　対サウスポーのときにオニールを中堅に回して、左翼に吉田選手が入るイメージだと思うんです。

吉田（レッドソックス）も1年目で打率上位につけた

6 ジャレン・デュラン
2021年メジャーデビュー。昨季は8月に左足親指の手術を受けて離脱したが、打率2割9分5厘、8本塁打、40打点、24盗塁、OPS.828

7 タイラー・オニール
2021年は打率2割8分6厘、34本塁打、80打点でナ・リーグMVP投票8番手

8 ジャスティン・ターナー
2014～22年ドジャース。レッドソックスへ移籍した23年は146試合出場で打率2割7分6輪、23本塁打、96打点。今年で40歳

ケチャップ　デュランは? 投手の右左関係なく打てると思うよ。

村田　いや、外すと思います。プラトーン・システム[9]全盛時代ですから。

ケチャップ　ええーっ?　あのスピードがあるのに外す?

村田　昨年142試合に出場したアレックス・バードゥーゴ[10]を放出した理由は結局、左翼・吉田、中堅・デュラン、右翼・バードゥーゴで、左打者ばかりになるからなんですよ。それを嫌ったからバードゥーゴを出して、オニールを連れてきた。

ケチャップ　もったいないなあ。でも、あと1年でFAだったか。

福島　吉田選手は昨年、WBC出場でほとんどチームのキャンプに参加しなかったにもかかわらずア・リーグ5位、外野手ではトップの打率と健闘しました。今年こそ首位打者を狙えると思いますよ。

村田　昨季は打率2割8分9厘でしたし、期待したいところなのですが、OPSが重要視される時代になっていることがポイントです。

　四球を日本のオリックス時代のように増やして、出塁率を上げて、そのうえで長打を増やして……ということが必要になってくる。吉田選手の守備・走塁の貢献度を考えると、最低でもOPSで・850くらいは必要。

ケチャップ　そうか。オールスターに選ばれてもよかったのにと思っていたけれど、出られなかった理由は「守備・走塁の貢献度」の低さにあったからなのか。今年は彼ならではのうまい技術で、長打を打つバッティングになっていく兆しを見せられるかで、メジャーの生き残りがかかってくるのかな。

村田　逆方向、レッドソックスの本拠地ならグリーン・モンスター[11]にバンバンぶつけていいと思うんですよね。二塁打も50本くらい打ってもいい。

福島　いわゆる"フェンウェイ・ダブル"[12]。そういう意味では、1980年代にレッドソックスで首位打者5回、7年連続200安打を達成した殿堂入りのウェイド・ボッグスを目標にしてほしい。そのためには四球と三振の比率を改善し、より高い出塁率を期待したいです。

　そして、やはり1、2番を打つ選手になってほしいなあ。本拠地フェンウェイ・パークの左翼守備は難しいけれども、慣れてしまえば問題なし。これほど楽なポジションはないので頑張ってほしい。

ケチャップ　守備を見ていても、そんなマイナスには見えない選手ですよね。

村田　しかしこれが、スタットキャストで計測するとマイナスなんです。

ケチャップ　それがすごいよなあ。日本のほうが細かい野球ができていると思うんだけど、吉田選手でもマイナスになるなんて、もうすごいレベルだよ。

村田　日本だと守備範囲のボールを堅実にこなしていれば、とりあえず大丈夫だろうという見方をされますが、アメリカに行くとそうならないんです。だからこそ、目標はバッティングで打率3割、出塁率4割。

福島　そうそう。「日本のフアン・ソト」とも呼ばれる吉田選手。そのソトがパドレスからヤンキースへ電撃トレード。ヤンキースともライバル対決で、ソトに負けない活躍を期待したいです。

FAとなった藤浪 果報は来るはず

ケチャップ　FAになった藤浪投手はどこへ行くかなあ。

村田　持っているものは一級品という評価は日本時代からそんなに変わらない。それをコンスタントに発揮できるかどうか。オリオールズでポストシーズンのロースターに入れなかった理由でもあるので、今後も課題ですよね。

　今年でポテンシャルは証明できたから、そこを評価して

9 プラトーン・システム
Platoon system。野球の戦術で、相手投手の左右によって打者起用を変更する。通常は右投手に左打者、左投手には右打者を起用

10 アレックス・バードゥーゴ
レッドソックスの1番打者として昨季は打率2割6分4厘、13本塁打、54打点。今季からヤンキース

11 グリーン・モンスター
レッドソックスの本拠地「フェンウェイ・パーク」に左翼から左中間にかけてそびえ立つ、緑色の壁。高さ37フィート(約11・3メートル)

契約をオファーしてくるチームは絶対現れると思います。不安定さを解消すれば、トップクラスのセットアッパー、クローザーになる可能性もあります。

ケチャップ　７月くらいからアジャストして、ピッチングが変わってよくなりましたよね。昨年は選手間投票で初めてオールスターも出場して、シルバースラッガー賞も受賞した捕手のラッチマンと合っていたもんなあ。まだ成長曲線にあると思う。

福島　その通り。僕が昨年７月にオークランドで藤浪投手本人と会った２日後に、ア・リーグ西地区最下位のアスレチックスから、何と東地区首位のオリオールズへ電撃トレードされました。

　移籍後は日本人最速を更新する１６５・１キロを記録し、コントロールも著しく改善。チームの地区優勝に貢献しましたし、村田さんが言うように、今後移籍するチームによってはクローザーも期待できます。

　最終的にポストシーズンのロースターに入れなかったのは残念だったけれど、その悔しさをバネに今年はさらなる飛躍を期待できますよ。

ケチャップ　古巣の阪神タイガースが優勝して、あれだけ盛り上がっているのに、あまりメディアにも出ないし、今年に向けて真摯にスタンバイしているんだろうね。パイレーツとかはどうだろう？　完成しつつあるチームになってきたし。

村田　前半戦はプレッシャーの少ないチームで伸び伸びやって、結果を残して、またコンテンダーにトレードされるというのもアリですね。

ケチャップ　ナショナルズもあるかな？　捕手はドジャースから移籍してきたキーバート・ルイーズ[13]でしょ。とても賢い捕手だから、長所を引き出してくれると思うよ。

日本人投手通算成績（500奪三振以上）

選手	年	試合	投球回	勝	敗	奪三振	失点	自責	防御率	WHIP
大谷翔平	2018-23	86	481.2	38	19	608	169	161	3.01	1.08
ダルビッシュ有	2012-23	266	1624.1	103	85	1929	680	648	3.59	1.14
前田健太	2016-23	190	866.1	65	49	951	398	377	3.92	1.14
田中将大	2014-20	174	1054.1	78	46	991	476	438	3.74	1.13
岩隈久志	2012-17	150	883.2	63	39	714	352	336	3.42	1.14
上原浩治	2009-17	436	480.2	22	26	572	153	142	2.66	0.89
松坂大輔	2007-14	158	790.1	56	43	720	406	391	4.45	1.40
黒田博樹	2008-14	212	1319.0	79	79	986	564	505	3.45	1.17
大宅友和	1999-2009	202	1070.0	51	68	590	568	506	4.26	1.39
野茂英雄	1995-2008	323	1976.1	123	109	1918	993	932	4.24	1.35

※MLB公式参照。QSは小数第2位を四捨五入。上原は95セーブ、81ホールド

日本人野手通算成績（500安打以上）

選手	年	試合	打席	打数	得点	安打	二塁打	三塁打	本塁打	打点	四球	死球	三振	盗塁	打率	出塁率	長打率	OPS
大谷翔平	2018-23	716	2871	2483	428	681	129	29	171	437	351	16	755	86	.274	.366	.556	.922
イチロー	2001-19	2653	10734	9934	1420	3089	362	96	117	780	647	55	1080	509	.311	.355	.402	.757
青木宣親	2012-17	759	3044	2716	377	774	135	22	33	219	234	48	258	98	.285	.350	.387	.737
松井秀喜	2003-12	1236	5066	4442	656	1253	249	12	175	760	547	21	689	13	.282	.360	.462	.822
松井稼頭央	2004-10	630	2555	2302	330	615	124	20	32	211	179	11	403	102	.267	.321	.380	.701

※MLB公式参照

12 フェンウェイ・ダブル　フェンウェイ・パークは右中間が最深１２８メートルもあり、左中間側にはグリーン・モンスターがあるため、他球場では本塁打となる当たりが二塁打になること

13 キーバート・ルイーズ　２０２０年ドジャースでメジャーデビュー。21年途中でナショナルズへ移籍し、昨季は１３６試合出場、打率２割６分、18本塁打、67打点

今後の移籍

MLBが評価する「次世代」の注目株

朗希はメジャーでもエースになれる

朗希は25歳ルールで早くて2026年か

ケチャップ　ここ数年でメジャーへ行くとしたら、やっぱり佐々木朗希[1]投手（ロッテ）と村上宗隆[2]選手（東京ヤクルトスワローズ）だよね。

村田　一部で佐々木投手がこのオフ、ポスティング・システムを利用してのメジャー挑戦を希望していたという報道[3]がありましたが、どうなんでしょうね。佐々木投手の実績と「25歳ルール」[4]の存在を考えると、今回はさすがに無理か。球団としてもまだ行かせないですよね。

福島　世界最高の投手になる可能性を持つ逸材。昨年3月のWBCで世界デビューを果たし、山本投手らも移籍したことで、すぐにメジャーへ行きたくなった気持ちはわかる。

ケチャップ　仮にこのオフに行くとしたら、ルールがあるから契約金込みの上限でも500万ドル（約7億2500万円）ぐらい。25歳になってから行くと、もう数百億円の世界。球団にも譲渡金が入るわけだから、どちらを取るのかということですね。でも、このポスティング・システムは早く撤廃したほうがいい。

村田　残念ながらポスティングは選手の権利ではなく、球団の権利。ポスティングをなくす代わりにFAを早めてはどうかと議論されています。佐々木投手の場合は、まだMLBでフルシーズン働ける体ではないかなあ。

　今行ったとしても、たぶんマイナー契約になって「とりあえずマイナーで体づくりをしろ」という話になる可能性があります。それが彼にとって、いいことなのかどうなのか。日本でしっかり体をつくってからメジャーへ行ったほうがいいんじゃないかな。

ケチャップ　本人が自分の体を一番わかっているから、もしかすると、周りは「壊れるんじゃないか」と言っても、自分の中にそんなに壊れる感覚がないのかもしれないね。ここ3年間の成績は、アメリカでいえば全米ナンバーワンのプロスペクト。

福島　もちろんそうです。ただ、やっぱりNPBでフルシーズンでの実績を残すことが必要かもしれません。

村田　佐々木投手に関しては、ジャイアンツ、ドジャース、パドレスあたりが詳しくチェックし始めているという話ですよ。だから、ひょっとしたら3年後にはドジャースの先発ローテーションが「大谷、山本、佐々木」になっている可能性があります。

福島　いや、今度こそドジャ

1 佐々木朗希
昨年3月WBC準決勝メキシコ戦、昨年4月10日オリックス戦で日本人最速タイの165キロをマーク

2 村上宗隆
2022年に日本選手最多56本塁打を放ち、22歳で史上最年少三冠王に

3 メジャー挑戦を希望していたという報道
昨年12月10日付のスポニチで今オフのMLB移籍を熱望していると報道された

ース以外の球団に行ってほしい。やっぱりライバル球団に行って、大谷選手や山本投手と投げ合う姿を見せてほしい。

村田　WBCに出た選手、そしてその世界制覇を見た子どもたち。今後はメジャーを目指す選手がどんどん多くなっていきますよ。先日、アメリカのデータサイト「FanGraphs」で「海外のプロスペクト」を紹介していたのですが、そのなかでトップクラス、もうスーパースターに挙げられていた選手が、佐々木投手、村上選手、そして"令和の新怪物"山下舜平大投手（オリックス）[5]でした。

ケチャップ　山下投手はいつか、間違いなく行くと思いますね。

"村神様"の課題は三塁守備

村田　村上選手はアメリカでどのポジションを守るのかが課題ですね。メジャーでは、日本人選手の三塁手はなかなか難しい。じゃあ、一塁なのかといえば、一塁手だと求められるバッティングのレベルがだいぶ変わってくる。現実的なポジションは左翼なのかなあ。

ケチャップ　メジャーの三塁手はすごいよね。たとえば、昨年33本塁打の三塁手ラファエル・デバース（レッドソックス）とかも、打撃だけじゃなくて守備のハンドリングがうまい。

村田　だから村上選手も三塁を守るなら、ゴールドグラブ賞4度受賞のマット・チャップマン（ブルージェイズFA）[6]のような選手と比較されることになってしまう。

福島　過去にメジャーで日本人の正三塁手は2007年デビルレイズ（現レイズ）の岩村明憲さんしかいません。

ケチャップ　村上選手の場合は、打撃フォームをどうするか。今は足を上げているじゃないですか。メジャーにアジャストしていくために、大谷選手でさえヒールアップにしているわけだから。

福島　大谷選手は別格としても、最近の日本人打者はパワーでも負けない。村上選手も年間30本くらいはコンスタントに打てると思う。

村田　25歳でメジャーへ行って、1年目からは活躍できないかもしれないですが、2年、3年かけてアジャストして28歳くらいで大活躍できていれば、全然遅くないですからね。

メジャー移籍なら朗希はエースクラス

村田　佐々木投手は実際に海を渡ったら、持っているものは間違いなくMLBでもエースクラス。おそらく、今年のWBCで一番よかった投手です。先発投手で平均100マイル（約161キロ）は、アメリカにもいないですね。

ケチャップ　そんな投手は先発じゃなくて、セットアップとか、2年連続セーブ王のクローザー、エマヌエル・クラセ[7]とかくらいかな。

村田　佐々木投手は最速103・3マイル（約166キロ）の右腕フェリックス・バティスタ（オリオールズ）が7回まで毎回リセットされて出てきて、合計7人で先発のイニングを投げているみたいなイメージなんで（笑）。

佐々木朗希（ロッテ）もメジャー移籍を熱望しているといわれる

4 25歳ルール
MLBでは2016年以降、海外選手とは25歳未満もしくはプロ6年未満の選手の場合は、マイナー契約に限られるようになった

5 山下舜平大
最速160キロ右腕。デビューイヤーの昨季、16試合登板9勝3敗、防御率1・61で新人王に

6 マット・チャップマン
三塁手としてゴールドグラブ賞4度受賞の名手。ブルージェイズへ移籍した22年は正三塁手としてリーグトップの守備率・988。通算155本塁打

7 エマヌエル・クラセ
ガーディアンズで2022年に42セーブ、昨季は44セーブでタイトル獲得

ケチャップ　めっちゃ楽しみだなあ。

村田　山本投手は史上初の3年連続「投手四冠」という実績を挙げ、もう日本でやることがないなというレベルで移籍した。外野から見ると、それくらいの説得力は欲しいところではあります。

ケチャップ　もう3年後、5年後には、日本人選手がメジャーに20人くらいはいるでしょうね。

福島　いいねえ。日本人大リーガーだけで1つのチームがつくれちゃう。

村田　30球団に1人ずついるみたいになったら面白いですよね。

福島　さらにいいねえ。将来的にメジャーが球団数拡張で32球団になれば、ますます日本人選手も増えて面白くなる。

メジャーで見てみたい巨人・岡本の長打力

ケチャップ　僕はメジャーで活躍する岡本和真選手（読売ジャイアンツ）を見てみたい。メジャーに挑戦する話なんて煙すら立っていないけれど、WBCでもいい対応していたし、メジャーでの姿を見てみたいなあ。

村田　きっと巨人が離さないですよね（笑）。WBCで岡本選手はローンデポ・パークでドカーンと本塁打を打ったじゃないですか。アメリカに行っても、長距離砲のポテンシャルは持っているんですよ。

ケチャップ　巨人時代に本塁打王4度、メジャーへ行く前年には50本塁打を打った松井秀喜さんでも、メジャーでは中距離打者でした。でも、あの頃のMLBと、今のMLBはまた、野球が違いますもんね。

福島　そう、違うんですよ。とにかく、球がどんどん速くなっているし、変化球もどんどん多様化している。打者にとっては大変ですよ。

村田　パワーとパワーのぶつかり合いですよね。

福島　それに加えて、昨年からメジャーはベース拡大などのルール変更によって、盗塁数が激増。昔の野球スタイルに戻ってきたので、再び日本人プレイヤー特有のスピードを武器にした選手も出てきてほしいですね。

高橋・今井・平良　西武三人衆に熱視線

村田　アメリカで、メジャーへ移籍する可能性が高いといわれている選手は、前述の山下選手、埼玉西武ライオンズのエース・高橋光成投手、同じく西武の右腕で昨年自身初の2桁勝利を挙げた今井達也投手、同じく西武で先発に転向した平良海馬投手。平良投手は辣腕代理人として有名なスコット・ボラス氏とすでに契約しています。

福島　あとはプロではないけれど、花巻東高校の佐々木麟太郎選手。日本の高校からアメリカの大学に進み、そしてメジャーという新たな道に挑戦します。まだ先は長いけれど応援したい。

村田　ショートストップで誰か一人、成功してほしいですね。大型遊撃手なら身長187センチ、体重94キロでリーグ3連覇、2022年の日本一に貢献した紅林弘太郎選手（オリックス）かな。

内野手で誰か成功する選手が出てくると、だいぶ流れも変わっていくと思います。アジア人内野手は、持って生まれた身体能力的にメジャーでは厳しいという固定観念がどうしてもあるので、それを覆す選手が出てきたら面白い。

昨年は金河成《キムハソン》がアジア生まれの内野手として初めてゴールドグラブ賞を受賞しましたが、もう奇跡的な快挙。

福島　かつて、メジャー史上初の日本人内野手としてメッツに入団した松井稼頭央選手はじめ、岩村選手や西岡剛選手ら何人もの日本人内野手がケガに苦しんだけれど、金河成は本当に歴史を変えたもんね。彼に対抗できるような日本人内野手の誕生も待ち遠しいです。

福島良一×村田洋輔×DJケチャップ

MLB2024年 シーズン展望

戦力分析

両リーグ地区別に優勝チームを大予想
30球団の最新「移籍&戦力」情報

古豪の躍進か 名門の復活か

ケチャップ　昨年のア・リーグ東地区はオリオールズが躍進して地区優勝。一時は全5チームに貯金があるという「メジャー最強の地区」としても話題になりました。「ネクスト・ボルチモア」はどこかなあ。ア・リーグ中地区2位のタイガースかな？　あとはナ・リーグ中地区3位のシンシナティ・レッズ？

村田　レッズはポストシーズンまであと一歩のところまでいきましたから、十分可能性があります。再建終了間近のタイミングに入っているチームなら、タイガースもそう。

ケチャップ　ナ・リーグ中地区2位のカブスも入るかな。今年もオリオールズのようなチームが出てきたら、勢力図がちょっと変わりそう。

村田　あとは名門球団のバウンスバック[1]ですよね。通算で歴代1位のワールドシリーズ27度優勝を誇るヤンキースは昨季ア・リーグ東地区で4位。

そのヤンキースに次ぐワールドシリーズ11度制覇のカージナルスは、ナ・リーグ中地区5位に終わりました。今年はどうなるか。カージナルスはゴールドグラブ賞9度受賞の名捕手で、２０２２年に引退したヤディエル・モリーナが編成本部長付特別補佐としてフロントに入りました。

ア・リーグ東地区 名門2球団は「微妙」

ケチャップ　名門レッドソックスは2年連続最下位。フロントがバタバタしている印象です。ちょっと厳しいかな。

村田　前最高編成責任者は、レイズ出身のハイム・ブルーム。レイズというスモールマーケットからビッグマーケットにやってきて、ビッグマーケットなりのお金の使い方をすればよかったけれど、貧乏性が抜けなくて（笑）、レッドソックスではうまくいかずにクビを切られてしまった。

今度は、ワールドシリーズを経験したOBの元投手で、カブスのフロント時代に投手陣の立て直しに手腕を発揮したブレスローをトップに据えました。イェール大学出身の秀才です。彼が壊滅的な投手陣をどう立て直すか。

ヤンキースは通算１６０本塁打のソトを連れてきたたし、投手もこれから補強しようとしているので、今年は勝ちにいくシーズン。ブライアン・キャッシュマンGMとしてもそろそろ結果を出さないと、クビが危ない。２００９年を最後にチャンピオンになっていないですから。

福島　それでも、昨年はかろ

1 **バウンスバッグ**　成績を落とした直後に取り返すこと。ゴルフでも、大叩きしたホールの直後に好スコアを出すことを指す

2023年MLB順位表

順位	ア・リーグ東地区	首位との勝差
1	ボルティモア・オリオールズ	–
2	タンパベイ・レイズ	2
3	トロント・ブルージェイズ	12
4	ニューヨーク・ヤンキース	19
5	ボストン・レッドソックス	23

順位	ナ・リーグ東地区	首位との勝差
1	アトランタ・ブレーブス	–
2	フィラデルフィア・フィリーズ	14
3	マイアミ・マーリンズ	20
4	ニューヨーク・メッツ	29
5	ワシントン・ナショナルズ	33

順位	ア・リーグ中地区	首位との勝差
1	ミネソタ・ツインズ	–
2	デトロイト・タイガース	9
3	クリーブランド・ガーディアンズ	11
4	シカゴ・ホワイトソックス	26
5	カンザスシティ・ロイヤルズ	31

順位	ナ・リーグ中地区	首位との勝差
1	ミルウォーキー・ブリュワーズ	–
2	シカゴ・カブス	0
3	シンシナティ・レッズ	9
4	ピッツバーグ・パイレーツ	16
5	セントルイス・カージナルス	21

順位	ア・リーグ西地区	首位との勝差
1	ヒューストン・アストロズ	–
2	テキサス・レンジャーズ	–
3	シアトル・マリナーズ	2
4	ロサンゼルス・エンゼルス	17
5	オークランド・アスレチックス	40

順位	ナ・リーグ西地区	首位との勝差
1	ロサンゼルス・ドジャース	–
2	アリゾナ・ダイヤモンドバックス	16
3	サンディエゴ・パドレス	18
4	サンフランシスコ・ジャイアンツ	21
5	コロラド・ロッキーズ	41

うじて31年連続勝率5割以上をキープしました。

ケチャップ　ヤンキースは地区4位に終わって7年ぶりにポストシーズン進出を逃した。要因は、マーリンズ時代の2017年に59本塁打をマークしたジャンカルロ・スタントンが故障がちで毎日出場できないことと、昨年に自己最多の15失策をおかした二塁手クレイバー・トーレスの守備だと思うなあ。この2つのバックアップ。

福島　確かに、遊撃から二塁に転向しても守備は問題だけれども、持ち前の打力で十分カバーしています。

村田　「ネクスト・ジーター」として期待される遊撃手のアンソニー・ボルピーはいいですからね。初の開幕ロースター入りし、開幕スタメンに抜擢された昨年に、いきなりゴールドグラブ賞を獲ったくらいですから。

　今のヤンキースは2022年にア・リーグ新記録の62本塁打を放ったジャッジのチーム。彼が元気にプレーしている期間中は勝っていたし、このオフにパドレスからヤンキース入りしたソトもいる。打線は破壊力があるから、昨年最優秀防御率のコールに次ぐ先発投手がもう1人欲しい。

福島　それが日本のエース・山本投手だったんだけどなあ……。

ケチャップ　昨年夏までいた“中堅の魔術師”[2]ハリソン・ベイダーみたいな選手がいると、すごくいいなあ。ヤンキースにない、荒々しいガッツがある。今年はレッドソックスから加入したバードゥーゴがそんな感じだね。

村田　うーん、ヤンキースは心配です。僕はバードゥーゴを中堅に回すと思っていたんですが、コーナーの外野手として使うみたいなので、シーズンの大半でジャッジが中堅を守らないといけない。ジャッジの体はフルシーズン、中堅ではもたないですよ。

福島　バードゥーゴは左翼でしょう。ボストンと違って、

2 ハリソン・ベイダー
2021年ゴールドグラブ賞。昨年8月、ウエーバー公示にかけられてレッズへ移籍。今オフにFA

右翼に比べて左中間が極端に深いヤンキー・スタジアムでは左翼のポジションが重要。かつて、名手のイチローさんも本職の右翼ではなく左翼に起用されたぐらい。

村田　そうですね。右翼をソトに任せるかも。

ア・リーグ東地区 激戦区はオ軍がリード

ケチャップ　ア・リーグ東地区はやっぱりオリオールズが強い。

村田　野手のプロスペクトがあふれているんです。それをトレードの駒にして、エース投手を獲得しにいくべきだと、ずっと言われている。プロスペクトでいえば、昨年最優秀打者プロスペクトを受賞した遊撃手、ジャクソン・ホリデイは今年、開幕スタメンの可能性がありますよ。

福島　ロッキーズなどで通算316本塁打を放った、あのマット・ホリデイの息子だね。

村田　不安材料は、10月にトミー・ジョン手術を受けた守護神フェリックス・バティスタ[3]の代わりが、フィリーズから獲得したクレイグ・キンブレルであること。

福島　そんなことはないですよ。昨年はメジャー史上8人目の通算400セーブを達成。マイク・エライエスGMが探し求めていた待望のベテランクローザー。まだまだ年齢的に活躍してくれます。

ケチャップ　ほかに後ろを投げる投手は、昨年は72試合登板でリーグ最多の31ホールドを挙げたヤニエル・カノかな。

村田　今のところ、8回と9回はカノとキンブレルで行くと思います。

ケチャップ　オリオールズをはじめ、ヤンキース、ブルージェイズは投手が揃っている。レイズは何だかんだでチームを仕上げてくるからな。

福島　ブルージェイズには、[4]2017年ワールドシリーズを制した最強軍団アストロズを牽引した1番打者のジョージ・スプリンガーが2021年に移籍してきたんです。「勝てるチーム」という理由で。そうしたら、何と2022年、昨年と2年連続でポストシーズン出場。若いチームだし、これからますます上がって楽しみな存在です。

村田　レイズは毎年、「何でこのメンバーでこんなに勝てるの？」という感じです。

ケチャップ　昨年はキューバ出身の32歳、ヤンディ・ディアスが打率3割3分で首位打

ブレークが期待されるケルニックはブレーブスへ移籍

3 フェリックス・バティスタ
昨季はオールスターに選出されるなど活躍。8月に戦線離脱も56試合登板8勝2敗、33セーブ1ホールド

4 2017年ワールドシリーズを制した最強軍団アストロズ
2017年のアストロズはレギュラーシーズンでチーム打率・安打数・打点がリーグトップの最強打線だった

者を獲得している。

ナ・リーグ東地区　投打充実のブ軍有利

ケチャップ　ナ・リーグ東地区はブレーブスが２０１８年から６年連続の地区優勝を果たしました。

村田　野手に関しては、まったく穴がない。ちょっと手薄になっていた二遊間のバックアップも、エンゼルスから内野のユーティリティー・プレーヤーであるデビッド・フレッチャーを獲得したりして、うまく埋めましたから。

　ただ、ブレーブスは先発が割と不安です。昨年最多勝&奪三振王のスペンサー・ストライダーはいいとして、２０２２年まで３年連続ゴールドグラブ賞のマックス・フリードはそもそも今年でＦＡ。２０２２年に通算１５００奪三振を達成したチャーリー・モートンも40歳だし、今年でＦＡ。ブライス・エルダーは昨年31試合登板で12勝を挙げましたが後半に失速してしまったし、まだ先発が1枚足りない。

福島　そこでレッドソックスからエース左腕クリス・セールを獲得。これで万全です。

ケチャップ　野手ではマリナーズからトレードで24歳のジャレッド・ケルニックを獲得しましたね。

福島　２０１８年メッツにドラフト1巡目指名で入団したエリート。昨年4月に7本塁打をかっ飛ばし、飛距離４８２フィート（約１４７メートル）の特大アーチでも話題になりブレークしそうです。

村田　２０２1年のワールドシリーズ優勝に貢献した左翼手エディ・ロザリオ（ブレーブスＦＡ）の代わり。でも、ケルニックのポテンシャルが本格的に開花するシーズンになる可能性は十分にあると思いますよ。今年はいきなり打率2割8分、30本塁打でも不思議じゃない。

ケチャップ　あとは２０２２年の新人王マイケル・ハリス2世の成長ぶりも楽しみだ。

ナ・リーグ東地区　勝負強さのフ軍

ケチャップ　そのブレーブスを地区シリーズで破って2年連続のナ・リーグ優勝決定シリーズ進出を果たしたフィリーズ。勝負どころで強いよね。

村田　ポストシーズンでは2年連続でブレーブスを食っていますから。短縮シーズンの２０２０年を除いて5年連続で32先発以上&２００奪三振を記録したエース、アーロン・ノラとの再契約は大きい。一方、地区3位だったマーリンズは、２０２２年サイ・ヤング賞のサンディ・アルカンタラがトミー・ジョン手術を受けて今年は投げられない。

ケチャップ　じゃあ、マーリンズはちょっと厳しいかな。

福島　いや、若い先発投手陣は充実して楽しみです。

村田　メッツは２０２５年以降に本格的に勝負できるチームづくりをしているので、今年は移行期間という感じ。4年連続最下位のナショナルズはまだ相当な時間がかかりそうです。

福島　地区全体でいえば、ブレーブスの7連覇をどうフィリーズが阻止するか。

ケチャップ　そこにメッツがどう絡んでくるか。メッツも２０１９年53本塁打のアロンソが今年ＦＡか。メッツも厳しいな。

福島　昨年メジャー史上最高の年俸総額3億７４７０万ドル（当時約５２５億円）も費やして、千賀投手も活躍したのに4位とはさびしい。

村田　かなりお金を費やして、これだけのチームしかつくれなかった、という残念な感じになっているんですよ。

ア・リーグ中地区　ホ軍は戦力補強

ケチャップ　２００５年ワールドシリーズ覇者のホワイトソックスは、２０２1年まで2年連続でポストシーズンへ進出しましたが、昨年は地区4位。全然だめになっちゃいましたね。

ダルビッシュとともにパドレスの先発ローテだったワカはロイヤルズへ

村田　昨年8月末に就任したクリス・ゲッツGMが、「自分のチームのロースターは全然気に入ってないから、全員出しちゃうよ」と言ったくらいですから。結局、GMが「トレードしない」と明言している選手は、昨年38本塁打のルイス・ロベルトJr.だけです。

ケチャップ　2020年MVPの大砲ホセ・アブレイユを2022年オフに放出してから、ボロボロになってしまった。この「キューバの英雄」がいなくなっただけでチームの統制がとれなくなり、2019年首位打者のティム・アンダーソンも、昨年8月5日のガーディアンズ戦では大乱闘で暴れたり。

村田　チームの中心であるはずのヨアン・モンカダ[5]も、エロイ・ヒメネス[6]も結果を残せなかった。ホワイトソックスは悲惨です。チームを再建して、タンキング[7]して、プロスペクトを集めて、そのプロスペクトがメジャーに揃い始めたタイミングで勝負に行ったのに、あっという間にチームが壊れてしまった。

ケチャップ　アブレイユのおかげでキューバからいい選手が集まっていたのに、いなくなったから来なくなってしまった。全部が悪循環になっているのかな。

福島　いやいや、ペドロ・グリフォル監督が就任2年目を迎え、バッテリーを強化すれば巻き返せると思います。実際、2018年エンゼルス時代に大谷選手とバッテリーを組み、その後アストロズで世界一に貢献したマーティン・マルドナード捕手ら戦力補強に余念がありません。

村田　2015年に30年ぶりのワールドシリーズ覇者となったカンザスシティ・ロイヤルズは、2年連続最下位。時間がかかりますね。2022年の新人王投票で4位だったボビー・ウィットJr.は頑張っていますけど。

福島　ロイヤルズはこのオフ、地区最大の補強を施しました。FAの先発右腕ではパドレスからマイケル・ワカとセス・ルーゴ[8]、レンジャーズから救援のウィル・スミス[9]、昨年エンゼルスに所属したハンター・レンフロー[10]らを次々に獲得。昨年メジャー23位の年俸総額約9200万ドル（133億円）を上回る1億500万ドル（約152億円）を費やしました。これにはビックリしました。

村田　投手なら昨年6月に〝世界最速男〟アロルディス・チャプマンとのトレードでレンジャーズから獲得したコール・ラガンズ。8月は3勝1敗、防御率1・72、53奪三振の好成績を挙げて月間MVPを獲得しました。このオフは補強に力を入れています。

ケチャップ　大砲として期待されるビニー・パスクァンティーノのような選手が伸びてきたら、楽しみだよ。

5 ヨアン・モンカダ
正三塁手候補と目されたが、2021年の144試合出場を境に年々出場試合数が減少

6 エロイ・ヒメネス
2019年に31本塁打、2022年には打率2割9分5厘も、昨季はいずれもそれを下回った

7 タンキング
主力選手を複数放出して当該シーズンの上位進出をあきらめ、ドラフトでより上位の指名権を獲得しようとする行為

8 セス・ルーゴ
昨季はパドレスで自己最多の26先発。8勝7敗、防御率3・57

福島　また、ロイヤルズは伝統的に機動力を生かしたチーム。昨年本拠地カンザスシティでロイヤルズの試合を見て感じましたが、今後は新しいルール導入によって機動力野球を邁進するチームが断然面白いです。

ア・リーグ中地区 本命ツ軍・対抗タ軍

村田　本命は昨年地区優勝のツインズであることは変わらない。だけど、ツインズやガーディアンズも結局、放映権の問題でペイロールがどうなるかわからない不安定材料はある。先ほど福島さんがおっしゃったように、タイガースは面白い存在です。アストロズを強くしたA・J・ヒンチ監督と長期契約しました。

福島　ロイヤルズだけでなく、タイガースも前田投手に続いて元カージナルスのエース、ジャック・フラハティーを獲得。若い先発投手陣にベテラン2人が加わり、優勝候補に名乗りを上げました。

ケチャップ　きっと大混戦じゃない？

村田　どのチームが優勝しても不思議じゃない。ちょっとしたきっかけで、ガッと上がるチームが出てくるでしょう。

福島　ア・リーグ東地区のように高い勝率でなくても優勝が可能。したがって、どのチームにもチャンスはあると思います。

ケチャップ　ガーディアンズが一番いいんじゃない？　シルバースラッガー賞4度受賞の強打者ホセ・ラミレスがいるし。

村田　投手陣が大崩れしないですからね。

福島　ガーディアンズはスティーブン・ボート新監督が就任。アスレチックスの元捕手で、2022年に現役を引退したばかりです。

村田　昨年はマリナーズでブルペン兼クオリティコントロールコーチを務めていましたが、ずっと監督候補と言われていた。彼自身も「将来的にはMLBの監督をやりたい」という希望を持っていて、引退から1年しか経っていないけれど、テリー・フランコーナ前監督の後任に大抜擢されました。

福島　2004年にレッドソックスを86年ぶりの世界一に導き、その後ガーディアンズで11年間指揮。何といっても、レッドソックス時代から16年連続で勝率5割以上という素晴らしい戦績を収めた名将フランコーナの後釜ですからね、期待も大きい。

村田　ガーディアンズは本当にお金がないからなあ。エースのシェーン・ビーバー[11]にもトレードの噂が絶えない。

福島　しかし、昨年からメジャーは全球団との対戦方式に変わり、中地区は市場規模が小さいことなどにより、低い勝率で争えるだけ優勝のチャンスがあります。

ナ・リーグ中地区 全球団にチャンスあり

村田　ナ・リーグ中地区、ここはまた面白いですよ。全チームにチャンスがある。

ケチャップ　昨年は33年ぶりの地区最下位、カージナルスは絶対ない。4強1弱だよ（笑）。

村田　いえ、全チームにチャンスがあります（笑）。1弱があるとしたらパイレーツです。

ケチャップ　カブスが頭一つ抜けているよ。

村田　いやいや、カブスは投手が足りないですよ。先発右腕のマーカス・ストローマンはFAだし、今はメジャー3年目の昨季16勝を挙げたジャスティン・スティール、2022年14勝も、昨年は8勝どまりのジェームソン・タイヨン、昨年6勝のカイル・ヘンドリックスしかいない。34歳のベテラン、ドリュー・スマイリーは残留しましたが、先発候補にはカウントされていない。だから、2022年メジャーデビューのハビエル・アサドも入ってくる。でも、ブルワーズを201

9 ウィル・スミス
2021年ブレーブス、22年アストロズ、昨季レンジャーズと異なる3球団で3年連続ワールドシリーズ制覇は史上初

10 ハンター・レンフロー
昨年9月、ウェーバー公示からレッズへ移籍していた。メジャー通算177本塁打

11 シェーン・ビーバー
2020年に最多勝、最多奪三振で投手三冠、サイ・ヤング賞を受賞

5年から昨年まで率いたクレイグ・カウンセル新監督が就任したことは楽しみですね。カブスも今後、大物投手を獲得するのか、左の長距離砲ベリンジャーと再契約するかわからないですが、大型補強は絶対する。

福島　まずはカブスとブルワーズの対戦が見どころ。というのも、カブスがブルワーズからカウンセル監督を引き抜いた。それも5年4000万ドル（約58億円）で、監督史上最高額の年俸800万ドル（約12億円）。ますます両チームの近隣対決が面白くなりそうです。

カウンセル監督（カブス）はブルワーズ時代の9年でポストシーズン5度進出

ナ・リーグ中地区 最古のライバル対決

ケチャップ　パイレーツは身長201センチの大型遊撃手オニール・クルーズがいる。結構面白い存在だと思うな。

福島　2015年以来ポストシーズンから遠ざかっていますが、昨年は6月中旬までは首位にいました。

村田　野手では、ドラフト全体1位指名だったヘンリー・デービスが昨年にメジャーデビューを果たしています。

ケチャップ　このナ・リーグ中地区も混戦ですね。1チームを除いて（笑）。

村田　いやいやいや、全チームにチャンスがあります（笑）。

ケチャップ　いやいや（笑）。

福島　最大の注目はカージナルスがいかに巻き返すか。

村田　もともと実力のあるチームですから。とりあえず今年の先発には、ベテランで昨年は8勝も防御率は2・79のソニー・グレイをツインズから連れてきました。そして巨人からメジャー復帰翌年の2018年に最多勝に輝いたマイルズ・マイコラス、昨年は不調だったけれど2021年には14勝を挙げているスティーブン・マッツがいる。FAになっていた36歳のベテラン右腕で通算136勝のランス・リンと、3年連続2桁勝利のカイル・ギブソンを獲得して頭数を揃えたんですよ。

　ジョン・モゼリアック編成本部長は、オフシーズンに入る前から「先発は最低3枚獲らないといけない」として、あっという間にグレイ、リン、ギブソン獲得で3枚揃えたんです。野手は通算340本塁打、2022年シーズンMVPの名選手ポール・ゴールドシュミット、本塁打3度、打点王2度、ゴールドグラブ賞は10年連続10度受賞のノーラン・アレナド、オールスター3度出場の捕手ウィルソン・コントレラスに加え、WBC侍ジャパンのヌートバーもいる。

福島　さらに昨年デビューし、21歳未満では111年ぶりの12試合連続安打を記録したジョーダン・ウォーカー。それと、昨年7月にマイナーリーグの試合を見たときに初回初球先頭打者本塁打を打ち、その後メジャーに昇格した強肩遊撃手メイシン・ウィンも大いに楽しみです。

村田　カージナルスの誤算は、フルタイムのコーチとしてモリーナを連れてこられなかったことですね。15年連続で勝ち越していたカージナルスが、モリーナが引退した瞬間に最下位になっちゃった。そこでこのオフから、プエルトリコの家庭の事情があることを踏まえ、編成本部長付特別補佐という肩書で、必要に応じてチームに協力する形になったんです。

　モゼリアック編成本部長も、「モリーナのチームへの貢献の大きさを過小評価していた」と話していました。だから、モリーナのよさが少しでも戻ってくるというところで、強さがどれくらい蘇《よみがえ》るのかが一つの注目ポイントです。

福島　そうなると〝国際的スーパースター〟ヌートバーがいるカージナルス、それに対し鈴木選手がいるカブス。やっぱり、1800年代から続く最古のライバル対決が一番の見どころになりそうです。

ア・リーグ西地区 連覇がかかるレ軍

ケチャップ　ア・リーグ西地区はもう、レンジャーズでしょう。

福島　いや、まずは2017年以降7年連続ポストシーズンに進出、6度の地区優勝、うち4度のリーグ優勝、そして2度の世界一に輝く最強軍団アストロズです。

ケチャップ　次いでマリナーズかな?

福島　マリナーズは本拠地球場の特性を生かした投手力とスピード、守りのチーム。かつては現マリナーズ会長付特別補佐兼インストラクターのイチローさん、現在は22歳以下で史上3人目の「30本塁打・30盗塁・100打点」を達成したフリオ・ロドリゲスに象徴されるチームです。

村田　マリナーズは、ジェリー・ディポート編成本部長がケチなんですよ。まず、お金を使わない。このオフの方針として、三振の多い打者を放出し、コンタクト能力の高い打者を集めるとしています。

　2020年、2021年シルバースラッガー賞のテオスカー・ヘルナンデス、昨年自己最多84試合出場のマイク・フォードはFA。トレードでは、同年22本塁打もリーグ最多の214三振を喫したエウヘニオ・スアレスをダイヤモンドバックス、24歳の若手外野手ケルニックもブレーブスへ出しました。

　その結果、ホームランバッターがいなくなった。長打力のある打者は昨季32本塁打のフリオ・ロドリゲスと、30本塁打をマークした強肩強打の捕手カル・ローリーくらい。

ケチャップ　それだとキツいよねえ。

村田　そこで、レンジャーズからFAとなっていたミッチ・ガーバーを獲得した。ツインズ時代の2019年にシルバースラッガー賞を受賞し、昨年はワールドシリーズ制覇に貢献した強打の捕手です。

　獲得前の想定打順は1番から、昨年リーグトップの94四球で選球眼に優れるJ・P・クロフォード、ロドリゲス、2022年オールスター出場のタイ・フランス、ローリー。その後の5、6番は、クローザーの[12]ポール・シーウォルドとのトレードで獲った、昨年7月にメジャーデビューしたばかりの外野手ドミニク・キャンゾーンとかが打つような状況でしたが、ガーバーが3番、フランスが5番に入る見通しで、打線は強化されました。

福島　ガーバーは昨年、とくにポストシーズンで3本塁打、14打点と大活躍しました。

村田　投手陣は若手の先発投手があふれているので、彼らをトレードして野手を連れてくるという噂はあります。それこそレイズから2年連続打率3割のハロルド・ラミレスと、伸び盛りの24歳アイザック・パレデスを獲ってくるのではないかと。お金を使わずに打線を強化したいなら、26歳のエース右腕ローガン・ギルバートを放出するくらいの犠牲が必要でしょう。

ケチャップ　ギルバートを出したら、きつくない?

村田　きついですよ。でも、お金を使いたがらないので、それくらいやらないと打線のアップグレードはなかなかできない。あと、エンゼルスは厳しいですね。アスレチックスはもっと厳しい。

ア・リーグ西地区 アスレチックスの低迷

村田　アスレチックスの盗塁王で、1番打者のエステウリ

12 ポール・シーウォルド
昨季はマリナーズで45試合、ダイヤモンドバックス移籍後は20試合の合計65試合に登板し、34セーブ、防御率3・12

もう見られない「トラウタニ」共演

ー・ルイーズは、走りはいいけれど意外と守れないんですよ。

ケチャップ　スピードはめっちゃあるよね。

福島　世界の盗塁王リッキー・ヘンダーソンの再来！

村田　アスレチックスはせっかくマット・チャプマン（ブルージェイズFA）や昨年オールスター出場のマーフィー、オルソン（ともにブレーブス）とかを育成してトレードしたのに、トレードの対価で獲ったプロスペクトが思うように育ってないので、2020年に地区優勝したあとはずっと低迷ています。昨年は112敗です。ちょっと前までは、代わりに獲ってきた選手が活躍していたんですけど。

ケチャップ　以前は、若手左腕のJP・シアーズがメジャーデビューの2022年から先発ローテーションに定着するとか、次世代の選手も育っていたよね。

村田　いい循環で回っていましたが、それが最近なくなってしまいました。まあ、2028年にラスベガスへ本拠地を移転して、またどうなるかですかね。ラスベガス1年目に合わせてチームづくりをしていくと思うので。

ケチャップ　長いなあ。

ア・リーグ西地区 大谷を失ったエ軍の今

福島　ある意味、最大の注目はエンゼルス。大谷選手がいなくなってどう変わるか？

ケチャップ　下手したらよくなる可能性がありますよね。

福島　そういうことって意外にあるんですよ。過去に大物選手を手放して優勝したチームもありました。そういう意味で、優勝は無理でもワイルドカードに行く可能性はあるかもしれない。

村田　「MLB.com」の番記者も記事にしていましたが、〝大谷資金〟を分散させて戦力補強に活用できるので、チームのバランスがよくなる可能性はあります。

福島　昨年はあれだけケガ人を出しながらも、7月までポストシーズン進出の可能性がありました。あとはトラウト、レンドンの復活と投手陣次第。

村田　とりあえずエース1人と主砲1人を連れてこないといけないんですよね。こういうときに、たぶんエンゼルスは、サイ・ヤング賞を2度受賞した左腕ブレイク・スネル[13]とか2019年MVPの長距離砲ベリンジャーとか、〝ハイリスク物件〟に手を出しちゃうんですよ。

福島　ジョシュ・ハミルトン[14]、C・J・ウィルソン[15]……。過去に何度もありました。もうこれ以上、札束をドブに捨てるのはやめてほしい。

村田　安定性を求めるなら、2021年から3年連続で防御率が3点台の先発左腕ジョ

13 ブレイク・スネル　レイズ時代の2018年に21勝で最多勝&サイ・ヤング賞、昨年はパドレスでサイ・ヤング賞の本格派左腕だが、シーズンごとの成績にムラがある

14 ジョシュ・ハミルトン　レンジャーズで2008年打点王、5年連続オールスターに選出された通算200本塁打の強打者。13年に大型契約でエンゼルスへ移籍も低迷

15 C・J・ウィルソン　大型契約で2012年にエンゼルスへ加入した左腕。当初は3年連続2桁勝利も、15年以降は鳴かず飛ばず

ーダン・モンゴメリー（レンジャーズFA）とかを獲りにいったほうが面白いと思います。トレードにも興味を持っているみたいな話はありますが、エース級の投手を獲得するためのピースがない。たとえば、「（サイ・ヤング賞右腕の）バーンズ（ブルワーズ）が欲しい」と言っても、誰をトレードの駒にするのか。

　結局、周りのチームが興味を持つエンゼルスの選手は、大谷選手とバッテリーを組んだローガン・オホッピー、昨年メジャーデビューの遊撃手ザック・ネト、同年ドラフト1巡目（全体11位）指名後40日でメジャーデビューを果たした一塁手ノーラン・シャヌエルとかになってくる。彼らは必要な戦力なので、トレードはできない。大谷選手と再契約ができなくて浮いたお金をどういうふうに補強に回していくかですね。

福島　新任のロン・ワシントン監督が楽しみなんですよ。もともとドジャース出身。エンゼルスの歴史を振り返るとドジャース出身が多く、２００２年にチームを初の世界一に導いたマイク・ソーシア元監督もそうでした。

村田　ただ、ワシントン監督を連れてきたということは、チームを再建する気が本当にないという表れでもある。あくまで、勝つためのチョイスですから。

ケチャップ　ペリー・ミナシアンGMも契約ラストイヤーだもんね。

福島　ドジャースの大補強を見たら、再建なんて言っていられないでしょう。とにかく、同都市のライバル球団に勝たなくてはいけないから。

村田　根本的なことを言ってしまえば、エンゼルスはオーナーが代わらない限り無理。レイズもオーナーが代わって強くなりましたから。

福島　確かに現在のチームでは、明確な勝利へのビジョンが見えてこない。そんななか、チームが躍進するための原動力は、若い先発投手陣にあるでしょう。

村田　27歳左腕パトリック・サンドバル（昨年7勝）、23歳右腕チェース・シルセス（同4勝）、24歳左腕リード・デトマーズ（同4勝）……。本当はトラウトもトレードに出して、チームをぶっ壊すくらいのことをやらないと。

福島　しかし、大谷選手だけでなく、トラウトまで手放したらファンは来なくなる。昨年12月はじめにエンゼルスのミナシアンGMがトラウトのトレードを「ノー。１００％ない」と完全否定したのは、大谷選手との再契約を完全にあきらめたときでした。

村田　オーナーのアート・モレノはもうチームを再建する気がないように思えます。「トラウトを中心にしてポストシーズンへ行くぞ」と言っているくらいなので。ですが、奇跡的にトラウトとレンドンがMVP争いをするような活躍を見せて、打線を、チームを牽引して――というミラクルが起こる可能性はあります。

福島　僕もそのミラクルが起こることを期待しています。

村田　そして、オホッピー、シャヌエル、ネト、３Aでは無双のジョー・アデル[16]あたりが大ブレークして、２０１６年全体ドラフト1位で才能の開花が待たれるミッキー・モニアックが本塁打王争いをしますみたいな（笑）。

　打線には大谷選手に代わるパワーヒッターは必要ですが、捕手オホッピー、一塁シャヌエル、二塁ブランドン・ドルーリー[17]、ネト、レンドン、外野は左翼に故障明けのテイラー・ウォード[18]、中堅・トラウト、右翼がモニアックとアデルでしょう？　ユーティリティーでルイス・レンヒーフォ[19]もいるわけですから、タレントは揃っているんですよ。だからドルーリーがDHで、レンヒーフォが二塁というパターンも組めます。

福島　ケガ人が復帰すれば、おそらく野手は心配ないでしょう。とにかく、一にも二にも投手陣次第です。

16 ジョー・アデル
昨季は3Aで本塁打王を争う活躍。7月にメジャー昇格も、負傷などで17試合出場にとどまった

17 ブランドン・ドルーリー
昨季は125試合出場で打率2割6分2厘、26本塁打、83打点、OPS.803

18 テイラー・ウォード
昨季は97試合出場で打率2割5分3厘、14本塁打、47打点、OPS.756

19 ルイス・レンヒーフォ
昨季は126試合出場で打率2割5分4厘、16本塁打、51打点、OPS.783

2021年にパドレスと14年3億4000万ドル（約493億円）の大型契約を結んだタティスJr.

村田　先発ローテーションはたぶん5枚で回すでしょうから、サンドバル、シルセス、デトマーズ、左腕タイラー・アンダーソン（昨季6勝）、そしてあと1人、大谷選手に代わるエースが欲しい。

ナ・リーグ西地区 大型補強のド軍が本命

福島　ナ・リーグ西地区の注目は、言うまでもなくドジャースで決まり。

ケチャップ　大谷選手、さらに山本投手の加入で一気に戦力の差が開きましたね。

村田　大谷選手が入ったうえに、後払いによってペイロールへの負担が減ったことは、ほかの4チームにとっては大きな悲劇でしかない（笑）。もう、向こう10年はなかなかチャンスはないですよ。

福島　まさか、本当に大谷選手、山本投手のダブル獲得に成功するとは思わなかった。

ケチャップ　面白い存在はダイヤモンドバックスかな？

村田　昨年17勝のエース右腕ザック・ギャレン、2年連続2桁勝利のメリル・ケリーに次ぐ先発3番手として、タイガースから通算82勝左腕エデュアルド・ロドリゲスを獲りました。ロドリゲスの加入で先発ローテーションは格段にアップグレードされています。ポストシーズンで活躍した[20]ブランドン・ファートもいますから。

　打線では、レギュラーが決まっていなかった三塁に通算246本塁打のスアレスをマリナーズから獲得した。今年は開幕からクローザーのシーウォルドもいますし。

ケチャップ　ダイヤモンドバックスの野球は緻密というか、日本的ですよね。

福島　そうそう。トーリ・ロブロ監督は現役最後の2000年にヤクルトでプレーしたんだよね。あのときは日本の野球を学ぶためにやってきた。また、昨年のキャンプでは当時チームメートだった古田敦也さんを臨時コーチに招いたぐらい、日本式の野球を

20 ブランドン・ファート
昨季メジャーデビューを果たし、19試合登板で3勝9敗、防御率5.72も、ナ・リーグ優勝決定シリーズ第3戦ではポストシーズン初登板・初先発で好投

21 ニック・マルティネス
2018年、レンジャーズから日本ハム入りして「マルちゃん」の愛称で親しまれた。21年ソフトバンクを経て、22年からドジャースでメジャー復帰

22 ジョシュ・ヘイダー
2022年途中からパドレスに移籍した左腕。昨季は2勝3敗33セーブ、防御率1.28。通算165セーブを誇るメジャーを代表するクローザーの一人

取り入れようとしています。

村田　昨年はＤＨを固定せず、外野手をＤＨに入れたりしていましたが、マイク・ヘイゼンＧＭは、フルタイムのＤＨを獲得するつもりがあると発言していて、Ｊ・Ｄ・マルティネスを獲得するチームの最有力候補といわれています。

ナ・リーグ西地区 ダル&松井のパ軍

ケチャップ　じゃあ、ドジャースの対抗馬はダイヤモンドバックスかな。

福島　いや、打倒・ドジャースの一番手は、日本にもファンが多いパドレスだと思うな。

村田　でも、パドレスは先発陣が相当苦しいですよ。昨年の先発ローテーションからスネルと、14勝のワカ、２０２２年パドレス移籍を機にリリーフから先発に転向したルーゴがＦＡになった（ワカとルーゴはロイヤルズ入り）。63試合登板の[21]ニック・マルティネスもレッズへ移籍し、ナ・リーグの年間最優秀救援投手賞にあたる「トレバー・ホフマン賞」3度受賞の[22]ジョシュ・ヘイダーもＦＡですから。

ケチャップ　もうダルビッシュ投手だけだね。

村田　先発はダルビッシュ投手と、３年連続２桁勝利のジョー・マスグローブだけという状況になった。だから、ソトを放出するしかなくて、ヤンキースから先発もできるマイケル・キングとメジャーデビューしたばかりの右腕ジョニー・ブリトーを連れてきたんですね。それでもまだ先発は足りていない。

打線はソトがいなくなりましたが、２０２１年本塁打王の25歳フェルナンド・タティスJr.、通算３１３本塁打のマニー・マチャドがいます。

ケチャップ　韓国最強遊撃手の金河成《キムハソン》もいる。

村田　クローザーもいなくなっちゃったので、とくに先発、投手陣をどこまで残りの補強資金で集められるかですね。

あとは監督が代わりました。カージナルスで２０１９年最優秀監督賞を受賞した[23]マイク・シルト監督に。名将[24]ボブ・メルビン前監督は、監督５球団目となる古巣・ジャイアンツの監督に就任しました。

福島　パドレスには、楽天からＦＡの松井投手が新加入しました。ＡＪ・プレラーＧＭは「３種類の決め球を持つトップクラスのクローザー」と高く評価。ドジャース戦で「大谷キラー」の期待もあるし、楽しみです。

そして、韓国プロ野球ＬＧから高佑錫《コウソク》投手が加入し、日韓Ｗクローザー獲得に成功。これでチームに日韓合計４選手が集結。ドジャースのライバル一番手として、両チームの対戦がますます楽しみです。

村田　ロッキーズは昨年１０３敗。１１２敗のアスレチックスと同様に、絶望的なチーム状況です。

ケチャップ　２０１７年の首位打者で生え抜きのチャーリー・ブラックモンがいるじゃない。

村田　ブラックモンも今年、ひょっとしたらラストイヤーですね。ロッキーズも、オーナーのディック・モンフォートがちょっと個性的な人ですから。でも、昨年はトップ・プロスペクトだったノーラン・ジョーンズが打率２割９分７厘で結果を出しました。ルーキーで「20本塁打・20盗塁」を達成しましたから。

福島　それとドジャースとは最大のライバル関係にあるジャイアンツ。大谷選手の獲得に失敗したけれど、すぐに韓国球界の至宝、李政厚《イジョンフ》外野手と６年１億１３００万ドル（約１６４億円）で契約。２０２２年に韓国プロ野球で２年連続首位打者、初の打点王に輝きＭＶＰ。２００１年にイチロー獲得を逃したチームが「韓国のイチロー」獲得に成功しました。

宿敵ドジャース戦でエース・山本投手、本塁打王・大谷選手との日韓対決は絶対に見逃せません。

23 マイク・シルト
プロ野球経験がなく、カージナルスのスカウト、マイナーのコーチを経て２０１７年ベンチコーチに。18年途中から監督代行となり、のちに正式に就任。19年は４年ぶりの地区優勝へ導き、21年もワイルドカードでポストシーズン進出

24 ボブ・メルビン
監督としての通算成績は１５１７勝１４２５敗。２００７、12、18年に最優秀監督賞

WS制覇

本命・ドジャース、対抗・レンジャーズ

大谷は移籍1年目で世界一をつかめるか?

村田編集長はレンジャーズ予想

ケチャップ　ワールドシリーズでドジャースVS.ヤンキース、あるんじゃないですか(笑)。

福島　やっぱり、それが一番楽しみですね。全米の野球ファンにとっては最高のカード。しかし、昨年は2021年に100敗以上したチーム同士[1]の対戦だったし、こればかりはさっぱり読めない。

ケチャップ　ドジャースの相手はどこになるかなあ。ア・リーグ東地区なんだろうな。

福島　最も可能性が高いのはヤンキース。それと西地区のアストロズだと思います。

村田　僕は、今世紀初の連覇を成し遂げるチームが出てきてほしいという期待も込めてレンジャーズを推します。

福島　おお、すごいねえ。昨年、球団史上初の世界一に輝いて、いきなりワールドシリーズ連覇か。

ケチャップ　ブルース・ボウチー監督は頭が切れるからね。ジャイアンツ時代は世界一3度の名将で、2年連続で100敗前後だったレンジャーズを就任1年目でワールドシリーズ制覇へ導いた。

村田　現時点で先発が4枚揃っているんです。2018年レッドソックスのワールドシリーズ制覇の立役者、ネイサン・イオバルディ、メジャー2球団9年間で先発一筋のジョン・グレイ、昨年は初の2桁勝利を挙げたデーン・ダニング、同じく昨季1試合9者連続奪三振を成し遂げたアンドルー・ヒーニー。

通算214勝のマックス・シャーザーは腰の手術を受けることが痛いですが、7月あたりの復帰が見込まれます。さらに、サイ・ヤング賞2度受賞のジェイコブ・デグロムがトミー・ジョン手術からシーズン途中に復帰予定ですし、同手術を受けたタイラー・マーリーもツインズから移籍して、シーズン途中に復帰します。

噂では、肩の手術から夏頃の復帰を目指す通算210勝左腕カーショウ(ドジャースFA)を獲りにいくのではという話が。

福島　2020年ドジャースが世界一に輝いたあとも、確かレンジャーズ移籍の噂があったしね。

村田　35歳ですから現役生活の最後は出身地のテキサスで、という可能性もありますよね。ひょっとしたら夏場の先発ローテーションは、シャーザー、イオバルディ、グレイ、デグロム、カーショウになっているかもしれません。

福島　何とサイ・ヤング賞トリオ[2]!?

1　昨年は2021年に100敗以上したチーム同士
昨年のワールドシリーズはレンジャーズが4勝1敗でダイヤモンドバックスを下して初制覇。2021年はレ軍が60勝102敗、ダ軍が52勝110敗でともにぶっちぎりの地区最下位だった

2　サイ・ヤング賞トリオ
13、14年カーショウ、13、16、17年シャーザー、18、19年デグロムがサイ・ヤング賞を受賞。13年のシャーザー以外はすべてナ・リーグ

昨年のワールドシリーズはレンジャーズが初制覇。今年のトロフィーの行方は——

村田　監督が優秀であることもそうですし。打線はタレントが揃っています。あとは、弱点のクローザーにヘイダー（パドレスFA）を獲りにいくんじゃないか、という話もあります。だから、僕の予想はドジャースVS.レンジャーズ。

ケチャップ　レンジャーズは、オーナーも含めてチームが本気だからね。じゃあ、僕もレンジャーズVS.ドジャースです（笑）。そして、優勝はドジャース。

福島　でも、常勝軍団のドジャース、アストロズ、ブレーブスにしても、ポストシーズンに出てもなかなか世界一にはなれない。何度も言うけれど、ポストシーズンでどのチームが勝ち進むかは、まったく予想できない。今年もブルージェイズとか、意外なチームが勝ちそうな気もする。だからポストシーズンは見応えがある。

村田　じゃあ僕は、今年はレンジャーズの連覇予想だけれど、2025年に大谷選手がツーウェイ復活をしたときにドジャースをチャンピオンに推します（笑）。

ケチャップ　今年の話をしているんだよ、2025年の話じゃないから（笑）。

福島　いずれにしても、最近はワールドシリーズに日本人選手が出ていないから、とにかくドジャースはじめ、日本人選手のいるチームが出てくるのを期待したい。

2025年には日本でシーズン開幕戦

村田　2025年には日本でレギュラーシーズンの開幕戦がありますからね。まだカードは決まっていませんが。

福島　当然ドジャースで、相手はパドレスでしょう。

ケチャップ　そうすると、開催地は大谷選手、ダルビッシュ投手の古巣・北海道日本ハムファイターズの本拠地、エスコンフィールド北海道もいいね。でも、今年3月にパドレスVS.ドジャースが韓国で開催されるから、同じカードを持ってくるかどうか。
村田　ＭＬＢとしては普及のために、なるべくさまざまなチームを海外に送り込みたいという思惑はあるようなので、２年連続でドジャース戦のアジア開催が実現するか——。
ケチャップ　ドジャースじゃないと、エスコンでやる意味はなくなるしねえ。

違うリーグとチーム 新しい大谷が見られる

福島　大谷選手はチームが変わり、リーグも変わる。新たなチーム、新たなリーグでどんな活躍を見せるのか、どんな歴史や記録をつくるのか。今度は２つのチーム、２つのリーグで記録をつくる楽しみがあります。
ケチャップ　最初は若干、苦労するでしょうね。乗り越える大谷選手を僕は見てほしいし、見てみたい。そして、ドジャースという勝利を宿命づけられているチームで、どんなパフォーマンスをするのか。今まで大谷選手に集中していた負担が分散するチームなので、成績は上がると思う。「青い大谷」も見てほしい。
福島　ニューヨークのブルックリン時代から長い歴史と伝統を誇るドジャース。かつて元祖二刀流のベーブ・ルースが現役引退後、一塁コーチとして在籍。20世紀初のアフリカ系大リーガー、ジャッキー・ロビンソンがデビュー。また、日本人大リーガーのパイオニア野茂英雄を迎え入れたチーム。そんなメジャーリーグの歴史をつくってきた名門チームで、いまや世界最高のプレーヤー・大谷選手が新たな歴史をつくり上げていくシーンを見続けたい。
村田　大谷選手の入団を正式発表したドジャース公式ＳＮＳのなかで、球団会長が「ジャッキー・ロビンソン」「サンディ・コーファックス」「野茂英雄」と名前を挙げていましたからね。
福島　１８９０年にナ・リーグに加盟した、長いドジャースの歴史のなかでも、ジャッキー・ロビンソンと、１９６０年代ドジャースのエースとして君臨し、当時メジャー記録の年間３８２奪三振、さらに４年連続ノーヒットノーラン、最後は完全試合と数々の記録を樹立して、サイ・ヤング賞にも3度輝いた史上最高の左腕サンディ・コーファックスに、野茂でしょ？　そして大谷選手。この４人はドジャースの歴史を語るうえで、もう絶対外せなくなると思う。
村田　すごいですよね。コー

ロサンゼルス市内で次々と壁画に描かれる大谷。人気の表れだ

ファックスは肘も腰も故障して、全盛期の1966年に引退したんですよね。

福島　30歳でね。ドジャースでは永久欠番ですし、史上最年少36歳で殿堂入り。メジャー史上最高の左腕投手といわれています。

村田　大谷選手きっかけでMLBに興味を持った人は、大谷選手を中心に見てみて、エンゼルスのシーズンが終われば見るのも終わり、みたいな方も多かったと思います。でもドジャース入りしたことで、大谷選手がポストシーズンでプレーする確率は格段に上がったので、より多くの人にポストシーズンの野球を楽しんでほしい。レギュラーシーズンとは別物の、より熱い戦いが繰り広げられる時期なんです。

ケチャップ　今まで見ていなかったナ・リーグの選手をたくさん見る機会も増えるから。

村田　これまで、エンゼルス＝MLBというふうになっていた方々が多いと思いますが、ドジャースの試合やポストシーズンの試合を見ると、びっくりすると思います。やっている野球の質が変わるので、そういうところは楽しみにしてほしいですね。

　自分が見たいところとしては、ア・リーグ最多のワールドチャンピオン回数[3]の名門ヤンキース、そしてナ・リーグ最多のワールドチャンピオン回数[4]を誇る名門カージナルス。この2つの……。

ケチャップ　またカージナルスが出てきた（笑）。

村田　この名門2チームの意地にも注目したいですね（笑）。

福島　エンゼルスも魅力的なチームでしたが、ドジャースは最高に魅力的なチーム。とにかく長い歴史と伝統があり、幾多の大スターを輩出しています。そして、ナ・リーグ最多24度の優勝を誇り、7度も世界一に輝くチーム。そのドジャーブルーの血が流れる名門球団に大谷選手が加わった。

　誇り高きドジャースで栄光のチャンピオントロフィーを手にし、「世界一」の選手になる」という夢をきっとかなえることでしょう。永遠のドジャーブルーよ、大谷翔平！

ケチャップ　もう、これで今年の予習ができた感じですね。

過去20年間のワールドシリーズ

年	優勝チーム	優勝回数	成績	敗戦チーム
2004	レッドソックス	6	4勝無敗	カージナルス
2005	ホワイトソックス	3	4勝無敗	アストロズ
2006	カージナルス	10	4勝1敗	タイガース
2007	レッドソックス	7	4勝無敗	ロッキーズ
2008	フィリーズ	2	4勝1敗	レイズ
2009	ヤンキース	27	4勝2敗	フィリーズ
2010	ジャイアンツ	6	4勝1敗	レンジャーズ
2011	カージナルス	11	4勝3敗	レンジャーズ
2012	ジャイアンツ	7	4勝無敗	タイガース
2013	レッドソックス	8	4勝2敗	カージナルス
2014	ジャイアンツ	8	4勝3敗	ロイヤルズ
2015	ロイヤルズ	2	4勝1敗	メッツ
2016	カブス	3	4勝3敗	インディアンス
2017	アストロズ	初	4勝3敗	ドジャース
2018	レッドソックス	9	4勝1敗	ドジャース
2019	ナショナルズ	初	4勝3敗	アストロズ
2020	ドジャース	7	4勝2敗	レイズ
2021	ブレーブス	4	4勝2敗	アストロズ
2022	アストロズ	2	4勝2敗	フィリーズ
2023	レンジャーズ	初	4勝1敗	ダイヤモンドバックス

※赤がア・リーグ、緑がナ・リーグ。それぞれ当時のチーム名で表記。クリーブランド・インディアンスは2021年までの呼称

3 ア・リーグ最多のワールドチャンピオン回数
ヤンキースは両リーグ最多の27度制覇。1923年に初優勝を飾り、36〜39年4連覇、49〜53年5連覇など無類の強さを誇った。2009年が最後の優勝となっており、当時のMVPは松井秀喜。現在、これが日本人選手唯一のワールドシリーズMVP

4 ナ・リーグ最多のワールドチャンピオン回数
カージナルスは11度制覇。42〜46年のうち3度優勝したほか、各年代でも優勝を飾っている。最後の制覇は2011年

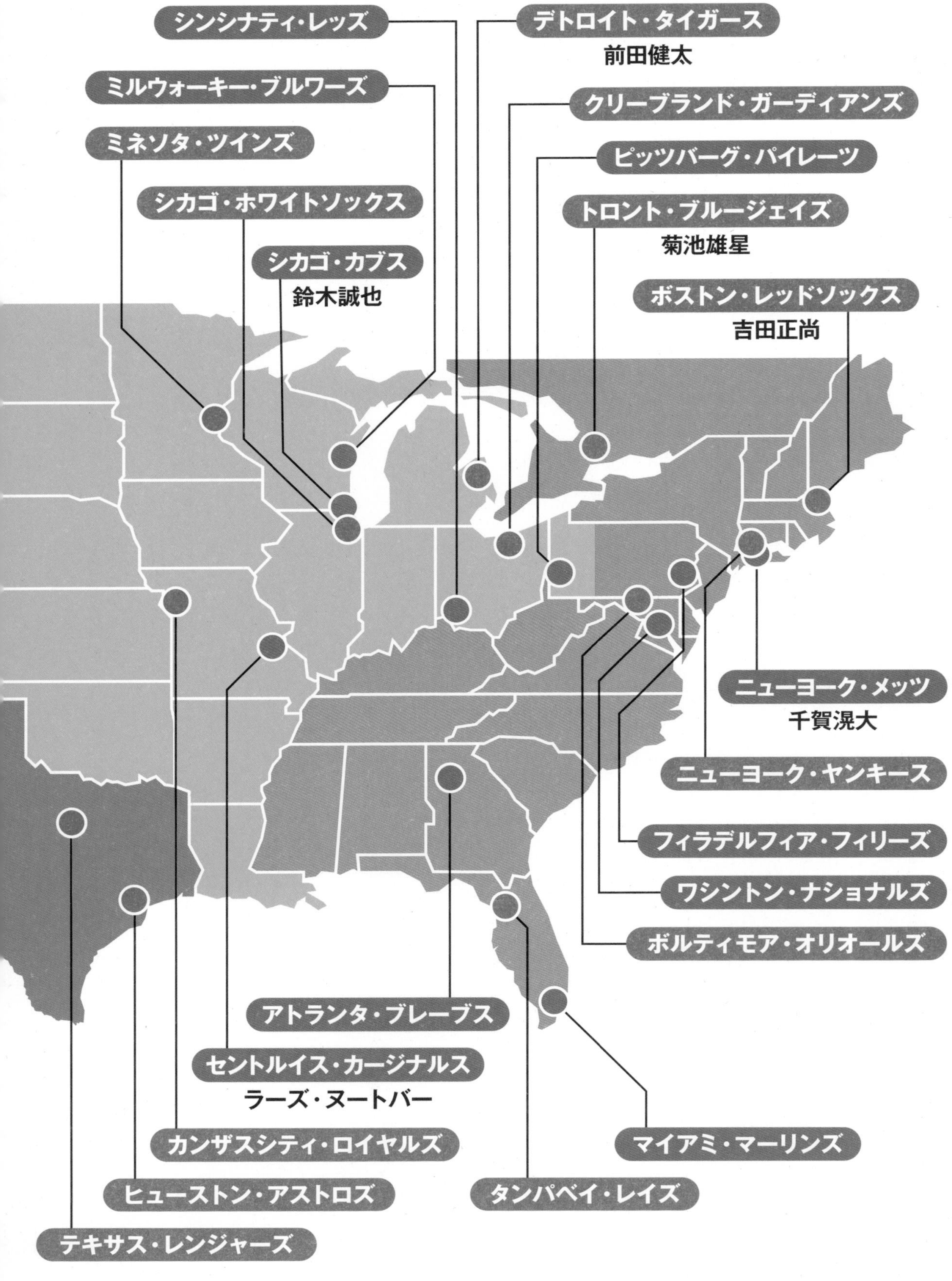
シンシナティ・レッズ
ミルウォーキー・ブルワーズ
ミネソタ・ツインズ
シカゴ・ホワイトソックス
シカゴ・カブス
鈴木誠也
デトロイト・タイガース
前田健太
クリーブランド・ガーディアンズ
ピッツバーグ・パイレーツ
トロント・ブルージェイズ
菊池雄星
ボストン・レッドソックス
吉田正尚
ニューヨーク・メッツ
千賀滉大
ニューヨーク・ヤンキース
フィラデルフィア・フィリーズ
ワシントン・ナショナルズ
ボルティモア・オリオールズ
アトランタ・ブレーブス
セントルイス・カージナルス
ラーズ・ヌートバー
マイアミ・マーリンズ
カンザスシティ・ロイヤルズ
タンパベイ・レイズ
ヒューストン・アストロズ
テキサス・レンジャーズ

優勝回数、オーナー、GMなど詳細データ満載

30球団完全ガイド 2024年版

所属未定の日本人選手

※12月28日時点でFA、または交渉中の日本人選手…藤浪晋太郎（オリオールズFA）、今永昇太、上沢直之（ともに今季NPBから移籍へ）

		優勝回数			
オーナー ピーター・アンジェロス GM マーク・エライアス	監督 ブランドン・ハイド	地区 10	リーグ 7	ワールドシリーズ 3	ワイルドカード 3
オーナー スチュアート・スターンバーグ GM エリック・ニアンダー	監督 ケビン・キャッシュ	地区 4	リーグ 2	ワールドシリーズ 0	ワイルドカード 5
オーナー エドワード・ロジャース3世 GM ロス・アトキンス	監督 ジョン・シュナイダー	地区 6	リーグ 2	ワールドシリーズ 2	ワイルドカード 4
オーナー ハル・スタインブレナー GM ブライアン・キャッシュマン	監督 アーロン・ブーン	地区 20	リーグ 40	ワールドシリーズ 27	ワイルドカード 9
オーナー ジョン・ヘンリー CBC(最高編成責任者) クレイグ・ブレスロー	監督 アレックス・コーラ	地区 10	リーグ 14	ワールドシリーズ 9	ワイルドカード 8

		優勝回数			
オーナー ジム・ポーラッド 編成本部長 デレク・ファブリー	監督 ロッコ・バルデリ	地区 13	リーグ 6	ワールドシリーズ 3	ワイルドカード 1
オーナー クリス・イリッチ GM ジェフ・グリーンバーグ	監督 AJ・ヒンチ	地区 7	リーグ 11	ワールドシリーズ 4	ワイルドカード 1
オーナー ポール・ドーラン 編成部門責任者 クリス・アントネッティ	監督 スティーブン・ボート	地区 11	リーグ 6	ワールドシリーズ 2	ワイルドカード 2
オーナー ジェリー・レインズドルフ GM クリス・ゲッツ	監督 ペドロ・グリフォル	地区 6	リーグ 6	ワールドシリーズ 3	ワイルドカード 1
オーナー ジョン・シャーマン GM JJ・ピッコロ	監督 マット・クアトラロ	地区 7	リーグ 4	ワールドシリーズ 2	ワイルドカード 1

		優勝回数			
オーナー ジム・クレーン GM デーナ・ブラウン	監督 ジョー・エスパダ	地区 13	リーグ 5	ワールドシリーズ 2	ワイルドカード 4
オーナー レイ・デービス GM クリス・ヤング	監督 ブルース・ボウチー	地区 7	リーグ 3	ワールドシリーズ 1	ワイルドカード 2
オーナー ジョン・スタントン GM ジェリー・ディポート	監督 スコット・サービス	地区 3	リーグ 0	ワールドシリーズ 0	ワイルドカード 2
オーナー アート・モレノ GM ペリー・ミナシアン	監督 ロン・ワシントン	地区 9	リーグ 1	ワールドシリーズ 1	ワイルドカード 1
オーナー ジョン・フィッシャー GM デビッド・フォースト	監督 マーク・コッツェー	地区 17	リーグ 15	ワールドシリーズ 9	ワイルドカード 4

※表の順位は2023年

アメリカン・リーグ東地区

順位	球団名	首位との勝差	概要
1	ボルティモア・オリオールズ Baltimore Orioles	–	本拠地 メリーランド州ボルティモア 球場 オリオール・パーク・アット・カムデンヤーズ
2	タンパベイ・レイズ Tampa Bay Rays	2	本拠地 フロリダ州セントピーターズバーグ 球場 トロピカーナ・フィールド
3	トロント・ブルージェイズ Toronto Blue Jays	12	本拠地 カナダ・オンタリオ州トロント 球場 ロジャーズ・センター
4	ニューヨーク・ヤンキース New York Yankees	19	本拠地 ニューヨーク州ニューヨーク・ブロンクス 球場 ヤンキー・スタジアム
5	ボストン・レッドソックス Boston Red Sox	23	本拠地 マサチューセッツ州ボストン 球場 フェンウェイ・パーク

アメリカン・リーグ中地区

順位	球団名	首位との勝差	概要
1	ミネソタ・ツインズ Minnesota Twins	–	本拠地 ミネソタ州ミネアポリス 球場 ターゲット・フィールド
2	デトロイト・タイガース Detroit Tigers	9	本拠地 ミシガン州デトロイト 球場 コメリカ・パーク
3	クリーブランド・ガーディアンズ Cleveland Guardians	11	本拠地 オハイオ州クリーブランド 球場 プログレッシブ・フィールド
4	シカゴ・ホワイトソックス Chicago White Sox	26	本拠地 イリノイ州シカゴ 球場 ギャランティード・ライト・フィールド
5	カンザスシティ・ロイヤルズ Kansas City Royals	31	本拠地 ミズーリ州カンザスシティ 球場 カウフマン・スタジアム

アメリカン・リーグ西地区

順位	球団名	首位との勝差	概要
1	ヒューストン・アストロズ Houston Astros	–	本拠地 テキサス州ヒューストン 球場 ミニッツメイド・パーク
2	テキサス・レンジャーズ Texas Rangers	–	本拠地 テキサス州アーリントン 球場 グローブライフ・フィールド
3	シアトル・マリナーズ Seattle Mariners	2	本拠地 ワシントン州シアトル 球場 Tーモバイル・パーク
4	ロサンゼルス・エンゼルス Los Angeles Angels	17	本拠地 カリフォルニア州アナハイム 球場 エンゼル・スタジアム
5	オークランド・アスレチックス Oakland Athletics	40	本拠地 カリフォルニア州オークランド 球場 オークランド・アラメダ・カウンティコロシアム

		優勝回数	
オーナー テリー・マクガーク GM アレックス・アンソポロス	監督 ブライアン・ストニカー	地区 23 リーグ 18	ワールドシリーズ 4 ワイルドカード 2
オーナー ジョン・ミドルトン 編成本部長 デーブ・ドンブロウスキー	監督 ロブ・トムソン	地区 11 リーグ 8	ワールドシリーズ 2 ワイルドカード 1
オーナー ブルース・シャーマン 野球部門最高責任 ピーター・ベンディック	監督 スキップ・シューメーカー	地区 0 リーグ 2	ワールドシリーズ 2 ワイルドカード 3
オーナー スティーブ・コーエン 編成本部長 デービッド・スターンズ	監督 カルロス・メンドーサ	地区 6 リーグ 5	ワールドシリーズ 2 ワイルドカード 4
オーナー マーク・ラーナー GM マイク・リゾ	監督 デーブ・マルティネス	地区 5 リーグ 1	ワールドシリーズ 1 ワイルドカード 1

		優勝回数	
オーナー マーク・アタナシオ GM マット・アーノルド	監督 パット・マーフィー	地区 6 リーグ 1	ワールドシリーズ 0 ワイルドカード 3
オーナー トム・リケッツ 球団編成本部長 ジェド・ホイヤー	監督 クレイグ・カウンセル	地区 8 リーグ 17	ワールドシリーズ 3 ワイルドカード 3
オーナー ボブ・カステリーニ 編成本部長 ニック・クロール	監督 デビッド・ベル	地区 10 リーグ 9	ワールドシリーズ 5 ワイルドカード 2
オーナー ボブ・ナッティング GM ベン・チェリントン	監督 デレク・シェルトン	地区 9 リーグ 9	ワールドシリーズ 5 ワイルドカード 3
オーナー ビル・デウィットJr. 編成本部長 ジョン・モゼリアク	監督 オリバー・マーモル	地区 15 リーグ 19	ワールドシリーズ 11 ワイルドカード 5

		優勝回数	
オーナー マーク・ウォルター 編成本部長 アンドリュー・フリードマン	監督 デーブ・ロバーツ	地区 21 リーグ 24	ワールドシリーズ 7 ワイルドカード 3
オーナー ケン・ケンドリック GM マイク・ヘイゼン	監督 トーリ・ロブロ	地区 5 リーグ 2	ワールドシリーズ 1 ワイルドカード 1
暫定管理 エリック・クツェンダ GM A.J.プレラー	監督 マイク・シルト	地区 5 リーグ 2	ワールドシリーズ 0 ワイルドカード 2
オーナー ローレンス・ベアー 編成本部長 ファーハン・ザイディ	監督 ボブ・メルビン	地区 9 リーグ 23	ワールドシリーズ 8 ワイルドカード 3
オーナー リチャード・モンフォート GM ビル・シュミット	監督 バド・ブラック	地区 0 リーグ 1	ワールドシリーズ 0 ワイルドカード 5

※表の順位は2023年

ナショナル・リーグ東地区

順位	球団名	首位との勝差	概要
1	アトランタ・ブレーブス Atlanta Braves	–	本拠地 ジョージア州アトランタ 球場 トゥルイスト・パーク
2	フィラデルフィア・フィリーズ Philadelphia Phillies	14	本拠地 ペンシルベニア州フィラデルフィア 球場 シチズンズ・バンク・パーク
3	マイアミ・マーリンズ Miami Marlins	20	本拠地 フロリダ州マイアミ 球場 ローンデポ・パーク
4	ニューヨーク・メッツ New York Mets	29	本拠地 ニューヨーク州ニューヨーク・クイーンズ 球場 シティ・フィールド
5	ワシントン・ナショナルズ Washington Nationals	33	本拠地 ワシントンD.C. 球場 ナショナルズ・パーク

ナショナル・リーグ中地区

順位	球団名	首位との勝差	概要
1	ミルウォーキー・ブルワーズ Milwaukee Brewers	–	本拠地 ウィスコンシン州ミルウォーキー 球場 アメリカンファミリー・フィールド
2	シカゴ・カブス Chicago Cubs	9	本拠地 イリノイ州シカゴ 球場 リグレー・フィールド
3	シンシナティ・レッズ Cincinnati Reds	10	本拠地 オハイオ州シンシナティ 球場 グレート・アメリカン・ボールパーク
4	ピッツバーグ・パイレーツ Pittsburgh Pirates	16	本拠地 ペンシルベニア州ピッツバーグ 球場 PNCパーク
5	セントルイス・カージナルス St. Louis Cardinals	21	本拠地 ミズーリ州セントルイス 球場 ブッシュ・スタジアム

ナショナル・リーグ西地区

順位	球団名	首位との勝差	概要
1	ロサンゼルス・ドジャース Los Angeles Dodgers	–	本拠地 カリフォルニア州ロサンゼルス 球場 ドジャー・スタジアム
2	アリゾナ・ダイヤモンドバックス Arizona Diamondbacks	16	本拠地 アリゾナ州フェニックス 球場 チェイス・フィールド
3	サンディエゴ・パドレス San Diego Padres	18	本拠地 カリフォルニア州サンディエゴ 球場 ペトコ・パーク
4	サンフランシスコ・ジャイアンツ San Francisco Giants	21	本拠地 カリフォルニア州サンフランシスコ 球場 オラクル・パーク
5	コロラド・ロッキーズ Colorado Rockies	41	本拠地 コロラド州デンバー 球場 クアーズ・フィールド

ドジャース
大谷翔平を徹底解剖！

MLBを100倍楽しむ本 2024年版

2024年２月８日　第１刷発行

著　者　福島良一　村田洋輔　ＤＪケチャップ
発行人　関川 誠
発行所　株式会社 宝島社
〒102-8388　東京都千代田区一番町25番地
電話（営業）03-3234-4621
（編集）03-3239-0927
https://tkj.jp
印刷・製本　中央精版印刷株式会社

Printed in Japan
ISBN 978-4-299-05112-7